Una visión panorámica de nuestro mundo actual nos aporta un gráfico recordatorio de que las cosas están muy lejos de donde deberían estar. Demasiadas personas están viviendo fuera de donde Dios les ha llamado a vivir, y sufren de falta de esperanza, déficit de propósito y una montaña de dificultad asociados a ese estilo de vida. Sin embargo, en este libro mi buen amigo Henry Fernandez ayuda a los lectores a volver a obtener una vida edificada sobre el cimiento de Dios. ¡Y nos da pasos prácticos para edificar sobre ese cimiento para descubrir finalmente el increíble diseño y destino que Dios tiene preparados para todos nosotros!

—Ed Young
Pastor de Fellowship Church, Grapevine, Texas
Autor de *Outrageous, Contagious Joy*

Henry Fernandez es un hombre de fe. Le conocí hace varios años, y he participado con él en programas de televisión, he hablado en su iglesia y he sido testigo de primera mano de los tremendos milagros financieros en su ministerio. Tiene una profunda pasión por enseñar al pueblo de Dios a salir de los problemas económicos y permanecer libres de deuda. Creo que este libro será una bendición para todos aquellos que lo lean.

—Dr. Don Colbert
Autor éxitos de ventas del *New York Times* y médico de familia

Henry Fernandez es una bendición para el cuerpo de Cristo y una bendición para mí. Su libro lleva un tremendo mensaje que nos insta a regresar a nuestro primer amor, lo cual nos capacitará para reconstruir en nuestra vida todo lo que han destruido las tormentas de la vida.

—CeCe Winans
Artista discográfica ganadora de un premio Dove

Conocí a Henry Fernandez en 2010 para hablar de la posibilidad de que mi firma contable se convirtiera en la nueva firma auditora independiente de su iglesia. En el momento en que llegué a su propiedad, su equipo de trabajo me dijo lo mucho que él deseaba reunirse conmigo. ¡De verdad! Él deseaba reunirse conmigo. Cuando nos vimos por primera vez, descubrí el porqué de su deseo. Una de las primeras cosas que me dijo Henry Fernandez fue: "Queremos hacerlo todo bien. Queremos ser irreprochables. No importa lo que se necesite. Cueste lo que cueste". Es raro que el líder de una organización me hable directamente, y con tal entusiasmo e intensidad, de su pasión por la integridad. Qué refrescante es esto en nuestra cultura actual. Si hay un tipo de persona cuyo consejo y sabiduría deberíamos escuchar en las áreas de la *Fe, Familia y Finanzas*, es una persona con un corazón interesado genuinamente en la integridad en todos los ámbitos de la vida.

—Michael E. Batts

Autor, CPC y fundador y accionista gerente en Batts, Morrison, Wales & Lee

Este será un gran libro tanto para líderes en el hogar como para jóvenes que están preparando su futuro para una vida victoriosa.

—Beverly Dillow

Crítico literario de la revista *CBA Retailers+Resources*

Fe, Familia y Finanzas

Fe, Familia y Finanzas

Cimientos fuertes para una vida mejor

Henry Fernandez

Whitaker House

A menos que se indique lo contrario, todas las citas de la Escritura han sido tomadas de la *Santa Biblia, Versión Reina-Valera 1960,* © 1960 Sociedades Bíblicas en América Latina; © renovado 1988 Sociedades Bíblicas Unidas. Usadas con permiso. Las citas de la Escritura marcadas (NTV) son tomadas de la *Santa Biblia, Nueva Traducción Viviente,* © 2008, 2009 Tyndale House Foundation. Usadas con permiso de Tyndale House Publishers, Inc., Wheaton, Illinois 60189. Todos los derechos reservados.

Desarrollo literario por David W. Bohon/Orchard Media Group

Traducción al español realizada por:
Belmonte Traductores
Manuel de Falla, 2
28300 Aranjuez
Madrid, ESPAÑA
www.belmontetraductores.com

Fe, Familia y Finanzas:
Cimientos fuertes para una vida mejor

Publicado originalmente en inglés bajo el título:
Faith, Family & Finances: Strong Foundations for a Better Life

Henry Fernandez
P.O. Box 100127
Fort Lauderdale, FL 33310
www.henryfernandez.org

ISBN: 978-1-60374-566-6
Impreso en los Estados Unidos de América

Whitaker House
1030 Hunt Valley Circle
New Kensington, PA 15068
www.whitakerhouse.com

Para comentarios sobre este libro o para información acerca de otros libros publicados por
Whitaker House, favor de escribir a: comentarios@whitakerhouse.com.

1 2 3 4 5 6 7 8 9 10 11 19 18 17 16 15 14 13 12

Prólogo

Cualquiera puede tener una teoría. ¡Dios tiene un plan! Buscar a Dios y su Palabra para descubrir ese plan es el camino del reino de Dios para tener éxito en la vida. Jesús lo dijo así: *"Mas buscad primeramente el reino de Dios y su justicia, y todas estas cosas os serán añadidas"* (Mateo 6:33).

Henry y Carol Fernandez se dispusieron hace años a buscar primeramente ese plan y a ponerlo en práctica. Henry no es un hombre con una teoría sino un hombre de fe con el plan, acompañado del éxito que va con dicho plan. *Fe, Familia y Finanzas* es el resultado de vivirlo antes de enseñarlo. Henry y Carol han estado ahí cuando lo único que podía librarles era la fe en la Palabra de Dios y en la manera de Él de hacer las cosas. Los he conocido el tiempo suficiente para poder observar su fe en acción y verles triunfar en Jesucristo contra todo pronóstico.

Este libro ungido por Dios y brillantemente escrito hará en su vida lo que el Espíritu Santo tiene la intención de hacer. Junto a la Palabra de Dios, le ayudará a volver al curso para tener una fe firme en Dios y en su Palabra, una familia fuerte y una vida económica estable y separada del sistema fallido del mundo.

No se limite a leer este libro; estúdielo, junto con su Biblia. Compare cada palabra con la Biblia. Cuando esté seguro de que no representa lo que otros piensan o lo que alguien dice que la Biblia dice, póngalo en acción. *Fe, Familia y Finanzas* le enseñará exactamente cómo hacerlo. Conviértase en un hacedor de la Palabra, y no tan solo en un oidor (véase Santiago 1:22). Prepárese para que el Señor Jesucristo se manifieste a usted y le saque de este lío para llevarle a su plan. *"Yo he venido para que tengan vida, y para que la tengan en abundancia"* (Juan 10:10).

¡Jesús es Señor!

—Kenneth Copeland
Fundador de Ministerios Kenneth Copeland,
Fort Worth, Texas

Contenido

Contenido

Introducción: De regreso a una fe, familia y finanzas fuertes

Si fueren destruidos los fundamentos, ¿qué ha de hacer el justo?
—Salmo 11:3

Este pasaje de las Escrituras nos da el siguiente aviso: si los fundamentos de Dios para el orden y el éxito son destruidos, ¿a quién o a qué acudirán las buenas personas?

Creo que, en nuestros días, estamos cosechando las consecuencias de la destrucción de las normas piadosas que son cruciales para nuestro éxito como individuos y como nación. Solo regresando a las normas de Dios en cada área de la vida volveremos nuevamente a comenzar a disfrutar de las bendiciones que Él ha prometido a sus hijos.

Aunque la crisis económica que ha vivido América durante los últimos años parecía afectar a muchas personas y comunidades sin razón alguna, debo confesar que he sido testigo del presagio que las nubes tormentosas económicas y sociales traían durante varios años, y he sentido una preocupación cada vez mayor por los muchos individuos y familias que recibirían su impacto de manera directa y adversa.

En Fort Lauderdale, Florida, donde pastoreo una congregación multicultural de varios miles de familias, me alarmé al detectar una mentalidad egoísta que parecía extenderse a través de toda la comunidad. Un espíritu egocéntrico parecía estar arraigándose en los corazones y mentes de las personas, una actitud que les hacía ir en pos de riquezas y éxito, buscar el recreo y el lujo, a la vez que pensaban cada vez menos en los sólidos cimientos de la fe, la familia y la administración financiera, que son precisamente las cosas que nos ayudan a asegurarnos tener comunidades e individuos fuertes y saludables.

Desenfreno

Sin profecía el pueblo se desenfrena; mas el que guarda la ley es bienaventurado. (Proverbios 29:18)

Al darme cuenta de que esas actitudes egocéntricas se estaban extendiendo a mi alrededor, vino a mi mente este versículo. Dice en efecto: "Cuando las personas comienzan a ignorar la guía que Dios les ha dado por su propio bien, arrojan los frenos por la ventana, y comienzan a actuar alocadamente". Esto es lo que sentí que ocurría en mi comunidad y por toda la nación. Se arrojaron los frenos por la ventana, y nos dirigíamos hacia una crisis segura.

Superficialmente, la nación parecía estar surfeando una ola de prosperidad económica. Había abundancia de trabajo, las industrias y los negocios estaban prosperando y en general la abundancia se veía por todos lados. Debido a esta fachada de abundancia, la gente comenzó a vivir pensando muy poco en el mañana y estableciendo pocos o ningún límite en su presupuesto, su tiempo o sus deseos. La gente prestaba, gastaba, vivía y planificaba como si la prosperidad y la abundancia fueran sus primogenituras. Yo veía que familias jóvenes pedían prestado dinero para comprarse casas, automóviles y artículos de lujo que parecían estar muy por encima de sus posibilidades económicas. Las empresas aumentaban y asumían riesgos pensando que esa situación económica duraría toda la vida. Por todo América, el apetito de la gente por la "buena vida" parecía no tener fin.

Sin embargo, a mediados de septiembre de 2008 las cosas frenaron en seco cuando bancos, prestamistas y otras instituciones bancarias por mucho tiempo respetadas y consideradas "demasiado grandes como para fracasar" se derrumbaron, casi de la noche a la mañana. El 15 de septiembre, el Promedio Industrial Dow Jones perdió unos históricos 504 puntos, y durante las siguientes semanas, cientos de millones de dólares se evaporaron de fondos de pensiones, cuentas de jubilación y planes 401. Donde antes había florecido el optimismo, el temor se apoderó a medida que los sueños de una vida de esplendor y lujo comenzaban a derretirse.

Desde ese momento, América ha observado cómo empresas prestigiosas, negocios que en otro tiempo ayudaron a hacer de ese país el gigante industrial del mundo, se tambaleaban al borde de la bancarrota. El gobierno federal se vio forzado a intervenir en un esfuerzo por mantener a flote una economía nacional que parecía estar al borde del hundimiento.

Fe es reaccionar de forma positiva a una situación negativa.
—Dr. Robert Schuller

Regresar al bosquejo de Dios

Desde ese tiempo, he hablado y aconsejado a un sin fin de individuos que han perdido su trabajo, su hogar, sus sueños y, en muchos casos, las ganas de continuar. Janis es una de esas personas. Me escribió para contarme su historia:

> *El pasado mayo supuso mi quinto mes sin trabajo. He vivido solo con la ayuda de desempleo, que no es mucha. Debía más de 3.100 dólares a mi casero, y ya estábamos casi en junio. Cada mes, recibía mi cheque de desempleo, pagaba mi diezmo a Dios y le daba del resto todo lo que podía para que sepa que me esforzaba por pagar. Durante todo este tiempo, he estado poniendo toda mi confianza y fe en el Señor para que todo saliera bien. Sin embargo, en mayo me llamó mi casero para decirme que tenía que empezar a arreglar mi situación porque él necesitaba rentabilizar su propiedad. Yo entendí eso, pero debido al Dios al que sirvo, le dije con confianza que a final de mes tendría todo lo que le debía, incluida también la renta de junio.*
>
> *—Janis*

Hay otros muchos en situaciones parecidas a la de Janis. "Obispo Fernandez", me dicen, "he confiado en Dios y he vivido la vida que pensé que debía vivir, y ahora todo aquello con que Él me ha bendecido está desapareciendo. ¿Qué ha ocurrido? ¿Dónde actué mal? ¿Cómo

Tengo buenas noticias: el Dios que le creó tiene un bosquejo original para su vida que incluye abundancia para el presente y para todos sus mañanas.

recojo los pedazos y vuelvo al camino correcto? ¿Han desaparecido para siempre las bendiciones de Dios? ¿Volveré a ver algún día sus bendiciones en mi vida?".

Si usted tiene preguntas parecidas a esas, si siente que Dios le ha abandonado, o si teme que la vida que tanto le costó construir ha desaparecido para siempre, tengo buenas noticias: el Dios que le creó tiene un bosquejo original para su vida que incluye abundancia para el presente y para todos sus mañanas.

El problema es que demasiados individuos y familias han cambiado el bosquejo de Dios por el que ellos mismos han creado. En otras palabras, han permitido que el fundamento de justicia y rectitud en sus vidas se vea comprometido. ¿Qué quiero decir con esto? Donde antes confiaban en Dios y le ponían en primer lugar en sus vidas, poco a poco, sutilmente, comenzaron a confiar en otras cosas: carreras, trabajos, educación o el gobierno, como la fuente de su provisión y significado. Aparcaron momentáneamente su fe en Dios. En el proceso, permitieron poco a poco que otros asuntos importantes de su vida se resintieran también. Quizá la salud de su matrimonio pasó a un segundo plano para ir en busca del "sueño americano". Quizá, quedaba poco tiempo para educar bien a los hijos, e incluso sus hijos se convirtieron en extraños para ellos.

Si este escenario le resulta familiar, quiero que oiga algo: no es demasiado tarde para cambiar las cosas y convertirse en el tipo de individuo, familia, comunidad o nación que Dios puede bendecir y usar para su gloria nuevamente.

Hay tres claves para hacer esto, y trataré cada una de ellas específicamente en este libro. Estas son:

- Regresar a una fe fuerte en Dios y su Palabra
- Devolver fortaleza y estabilidad a la familia

- Regresar a una administración financiera sabia basada en el consejo de Dios

Dios nos ha dado un consejo sólido y fiable para cada una de estas claves. De eso se trata este libro. En el caso de Janis, creo que su fidelidad a Dios en su economía, incluso durante los tiempos de crisis, marcó la diferencia.

> *Ayer, 23 de mayo, recibí una llamada de teléfono informándome de que había ganado ocho mil dólares en un juicio. Comencé a bailar por la casa y a alabar a Dios porque sabía que eso provenía de Él.*
>
> *Cuando recogí mi dinero, aparté el diezmo, envié a mi casero todo el dinero que le debía, además de la renta de junio, y ahora estoy pagando las otras facturas atrasadas. Esto es por lo que había estado orando; le había pedido a Dios una bendición "inmediata", como las que solo Él puede dar, y como solo Él me dio. ¡Aleluya!*

Cuando lea el consejo sencillo pero profundo de Dios que hay en los siguientes capítulos, recuerde que el cambio se produce paso a paso. Reconstruir las normas de rectitud de su fe, su familia y sus finanzas comienza al responder a las señales que Dios ha puesto a lo largo de su camino. Al seguir la guía de Él, confesar y arrepentirse de sus pecados y errores, cambiar su dirección confiando en su Palabra y sus promesas, y seguir los planes de Él para el éxito, descubrirá bendiciones, abundancia y riquezas en cada área de su vida.

Las promesas y los planes de Dios para usted son los mismos de siempre, porque Él nunca cambia. Me emociona escuchar de usted a medida que siga el bosquejo de Dios para el éxito.

Parte I:

Fe

Estoy diseñado internamente para la fe, no para el temor. El temor no es mi tierra natal; es la fe. Estoy hecho de tal forma que la preocupación y la ansiedad son arena en la maquinaria de la vida; la fe es el aceite. Vivo mejor mediante la fe y la confianza que mediante el temor, la duda y la ansiedad. Con ansiedad y preocupación, mi ser respira con dificultad; no son mi aire natal. Pero en fe y obediencia, respiro libremente; este es mi aire natal.

—Dr. E. Stanley Jones
Autor y evangelista

Capítulo 1

¿En quién confía?

"Confiamos en Dios". Esta es una declaración poderosa, ¿verdad? Aunque rara vez lo observamos, esa frase solemne y de peso decora cada moneda y billete estadounidense, desde la moneda menos valiosa de un centavo, hasta el billete de cien dólares. No es tan solo un eslogan o un buen sentimiento que entonamos en los días de fiesta o en momentos de crisis nacional. Hay significado e intención detrás de esas palabras. "Confiamos en Dios" está basado en la convicción, mantenida durante generaciones de estadounidenses desde que se fundó la nación, de que un país y sus ciudadanos son solo tan fuertes como lo sean su fe y su fidelidad al Dios todopoderoso.

Esa, por supuesto, es la opinión de Dios sobre el asunto también. A lo largo de los anales de la historia, Él ha prometido bendecir a las naciones y personas que pongan su confianza en Él, de manera conjunta e individual, y que se comporten de maneras que honren su carácter. Por el contrario, Él nos ha advertido claramente de que quienes no le honran ni ponen su confianza en Él pueden esperar sufrimiento físico, financiero, emocional y político, ¡de toda forma imaginable!

> *Bienaventurada la nación cuyo Dios es Jehová, el pueblo que él escogió como heredad para sí.* (Salmo 33:12)

Una mirada al pasado

Mire el pasado de los Estados Unidos, y verá que durante la mayor parte de nuestra historia hemos sido la nación a la que otras naciones han mirado en busca de guía, ayuda, defensa y un modelo de sociedad exitosa y próspera. Hay una buena razón para ello. Durante la mayor parte de los últimos dos siglos, hemos sido la nación más próspera y exitosa de la tierra. Piense en lo siguiente:

- El desarrollo más grande en los avances tecnológicos que se produjeron durante el siglo XX, desde los automóviles hasta la luz eléctrica pasando por la televisión y radio, las computadoras y el viaje espacial, se originó en América.
- Durante ese mismo período, la maquinaria industrial de América era de lo mejor, produciendo toneladas de artículos fabricados para mercados de todo el mundo.
- Durante la mayor parte de ese periodo, América también fue muy bendecida con una notable producción agrícola, abundancia que se ha usado para alimentar no solo a nuestra grande y creciente población sino también a muchas otras naciones del mundo.
- Nuestras instituciones educativas eran conocidas mundialmente, educando a generaciones de jóvenes que eran formados no solo en las capacidades para tener éxito en empresas, industrias y en otros lugares, sino también en los preceptos de justicia y moralidad que son el cimiento de cualquier sociedad de éxito.

Sin lugar a duda, el mayor bien de la bendición de América ha sido su gente. En este país, Dios ha juntado a individuos, familias y comunidades de una amplia variedad de países, culturas, etnias y razas extranjeras, formando un verdadero "crisol" de personas trabajadoras, morales y que honran a Dios que lo único que pedían a cambio era la oportunidad de ser una parte integral de esta "tierra de libres y hogar de valientes".

Comprometidos con una fe sólida en Dios, con familias fuertes y con una ferviente administración de todo aquello con lo que Dios les había bendecido, este amplio rango de individuos construyó comunidades fuertes "del uno al otro confín", para que durante las generaciones futuras nuestro país pudiera declarar que América era "una nación sometida a Dios".

A lo largo de los años, mientras los estadounidenses han confiando en Dios, han mantenido esa misma fortaleza y unidad, lo cual les ha permitido lograr casi cualquier cosa que se dispusieran a hacer en su corazón y en su mente.

> ¿El secreto de mi éxito? Es sencillo. Se encuentra en la Biblia: "*Reconócele en todos tus caminos, y Él enderezará tus veredas*".
> —George Washington Carver

Un cambio de corazón

Hoy día, sin embargo, muchas personas se preguntan qué le ha ocurrido a nuestra nación fuerte y libre que un día puso su confianza en Dios. El panorama cultural que nos rodea, y las circunstancias personales que están viviendo millones de estadounidenses, parecen algo muy distinto a la prosperidad, seguridad y esperanza con las que muchos de nosotros crecimos. La lista de desafíos es asombrosa.

- La imagen laboral de la nación es gris. En agosto de 2001, el porcentaje de desempleo era del 9,1 por ciento, con casi catorce millones de estadounidenses sin trabajo. Qué diferente de la nación en la que generaciones anteriores criaron a sus familias y planificaron para el futuro.
- Durante los últimos treinta años, cada vez más estadounidenses han contraído deudas por artículos de lujo innecesarios. En enero de 2010, los estadounidenses tenían más de 609 mil millones de tarjetas de crédito, o dos tarjetas por cada estadounidense. En junio de 2011, la deuda de consumo por tarjetas de crédito en los EEUU alcanzó los 793 mil millones, con un promedio de deuda por tarjeta de crédito por familia de 15 799 dólares.[1] Qué distinto a la práctica de ahorro que habían mostrado generaciones previas de estadounidenses.
- Con tantos estadounidenses con tanta deuda, no es de extrañar que en 2010 los casos de bancarrota personal explotaran hasta llegar a más de un millón y medio de personas.[2]

- En el ámbito inmobiliario, cuando en generaciones anteriores el ser propietario de una casa era una decisión que se consideraba con mucho cuidado, durante los últimos años se ha convertido en un derecho. Millones de americanos han contraído una deuda por sus hogares cuyas hipotecas sobrepasan con mucho a sus ingresos. En julio de 2011, el índice de ejecución hipotecaria nacional había descendido a 1 de cada 111 hogares, una caída de un 29 por ciento con respecto a la primera mitad de 2010. En mi propio estado de Florida, sin embargo, el índice estaba aún entre el peor de la nación, con un 14 por ciento de todos los hogares activamente en ejecución hipotecaria.[3]
- Como la economía ha fallado y las familias han perdido sus hogares, la falta de vivienda se ha convertido en una epidemia nacional. Según un estudio de 2007 a cargo del Centro nacional de leyes sobre la falta de vivienda y la pobreza, aproximadamente 3,5 millones de individuos en América ahora no tienen un hogar: 1,35 millones de ellos son niños.[4]
- Así como la economía en crisis ha afectado a individuos, familias y comunidades, también ha devastado negocios e instituciones financieras. Empresas de muchos años, bancos respetados, empresas de inversiones e instituciones de préstamos, muchas de ellas consideradas "demasiado grandes como para caer", se han derrumbado, mientras que otras han sobrevivido solo mediante la intervención directa de un gobierno que se está estresando cada vez más en su capacidad de dar respuestas.

Familia y moralidad: un panorama cambiante

> Destruya la familia, y destruirá el país.
>
> —Vladimir Ilyich Lenin

El pilar esencial de cualquier sociedad es la familia, y la sociedad estadounidense no es una excepción. Desde su comienzo, las familias fuertes que llevan vidas moralmente rectas han sido un ingrediente importante para una América fuerte. Puede que nos hayamos reído por lo bajo o levantado la vista ante los valores conservadores de hace treinta, cuarenta o cincuenta años, pero la verdad es que la vida ciertamente parecía más sencilla y mucho más sana entonces.

Desde su comienzo, las familias fuertes que llevan vidas moralmente rectas han sido un ingrediente importante para una América fuerte.

Las familias, a pesar de los defectos y debilidades de sus miembros, eran más fuertes y más estables. El matrimonio se consideraba una institución sagrada. Había normas estrictas que gobernaban las relaciones entre los sexos, los hijos eran más respetuosos con sus mayores, y los valores que definían la conducta en sociedad tendían a mantener a las personas en el camino recto y angosto.

Eso parece estar lejos de nuestra situación actual:

- En muchos sectores de nuestra sociedad, el matrimonio se ha convertido en una opción en vez de ser una institución sagrada. Un estudio realizado por el Proyecto Nacional de Matrimonio descubrió que la cohabitación, o parejas que viven juntas sin estar casadas, se ha vuelto algo tan aceptado en nuestra sociedad que un número cada vez mayor de estadounidenses lo consideran una alternativa perfectamente funcional al matrimonio. Su estudio citaba cifras del Censo de E.U., que decían que en 1997 había más de cuatro millones de parejas no casadas compartiendo un hogar, hasta menos de medio millón en 1960.[5] Un estudio realizado por el Instituto de Investigación Social en la Universidad de Míchigan descubrió que cerca de dos de cada cinco niños emplearán al menos parte de su tiempo viviendo con uno de sus padres y un cónyuge que no está casado.[6]
- Con un enfoque tan relajado acerca de las relaciones de por vida, no es de extrañar que la institución del matrimonio

parezca estar totalmente en crisis en toda América. Un estudio reciente realizado por el Grupo Barna descubrió que uno de cada tres estadounidenses que ha estado casado también se ha divorciado. Como reflejó George Barna en el estudio: "Parece que ya no hay ningún estigma unido al divorcio; ahora se ve como un rito de paso inevitable".[7]

- Junto al drástico aumento del divorcio ha llegado también una redefinición general de lo que significa el matrimonio en América. Varios estados han decretado que el matrimonio ya no puede definirse únicamente entre un hombre y una mujer. En algunos estados, las uniones entre dos hombres o dos mujeres se ha declarado legalmente aceptables. Uno se pregunta si habrá algún fin a la redefinición del pilar más básico de Dios para la humanidad.
- Durante los últimos treinta y cinco años o más, los niños se han convertido en personas cada vez más vulnerables a ser descuidados y, en muchos casos, a ser un inconveniente para el estilo de vida de personas irresponsables. El hecho de que desde 1973 más de cuarenta millones de preciosos bebés hayan muerto mediante el aborto representa una grave plaga en nuestra nación.

¿Qué le ha ocurrido a nuestra fe?

En abril de 2009, durante un viaje a Turquía, el Presidente Barack Obama realizó una conferencia de prensa en la que dijo: "Una de las mayores fortalezas de los Estados Unidos es que, aunque como ya mencioné, tenemos una población muy grande de cristianos, no nos consideramos una nación cristiana o una nación judía o una nación musulmana; nos consideramos una nación de ciudadanos que estamos unidos por unos ideales y un conjunto de valores".[8] Si esa declaración realizada por el líder de nuestra nación no parece alarmante, recordemos que en junio de 2006, el Sr. Obama dio un discurso para la conferencia Call for Renewal Conference [Conferencia para un llamado a la renovación], patrocinada por la revista cristiana progresista *Sojourners*, en el que sus frases destacadas decían: "Independientemente de lo que fuimos en el pasado, ya no somos tan solo una nación cristiana; también somos una nación judía, una nación musulmana, una nación budista, una nación hinduista y una nación de no creyentes".[9]

Ahora bien, en cierto sentido, el Presidente Obama tiene razón. Los Estados Unidos nunca pretendió ser una nación en la que se presionara a los individuos a hacerse cristianos. Uno de los grandes valores de nuestra nación es que todos tienen la libertad de adorar a Dios según los dictados de su propio corazón.

Sin embargo, lo que el presidente quiso decir con sus declaraciones, la innegable verdad del asunto es que América se estableció bajo preceptos cristianos, y parece que, como nación y como pueblo, nos hemos alejado de esos cimientos. Como consecuencia, ahora estamos pagando un precio que solo podrá curar el arrepentimiento y un regreso a Dios.

Hace más de doscientos años, otro presidente hizo una declaración muy distinta. En su primera toma de posesión, George Washington recordó a sus conciudadanos:

> Ninguna persona puede estar más atada a reconocer y adorar la mano invisible, la cual dirige los asuntos de los hombres más que el pueblo de los Estados Unidos. Cada paso, mediante el cual han avanzado hacia el carácter de una nación independiente, parece haberse distinguido por alguna señal de un agente providencial....Debiéramos estar así de persuadidos de que las propicias sonrisas del cielo no pueden esperarse de una nación que menosprecie las reglas eternas del orden y la rectitud, que el cielo mismo ha ordenado.[10]

Dios mismo nos recuerda en la Biblia que una vida cristiana recta y piadosa hará y mantendrá a una nación y a su pueblo en grandeza. Por el contrario, pecado, rebeldía, egocentrismo, egoísmo y alejarse de Dios y de su Palabra provocarán reproche y, finalmente, destrucción.

La justicia engrandece a la nación; mas el pecado es afrenta de las naciones. (Proverbios 14:34)

El cimiento para el éxito

Ahora bien, soy consciente de que la América de hoy día es muy distinta a la que se dirigió el Presidente Washington hace tantos años. De hecho, muchas personas que viven en los Estados Unidos ni siquiera son ciudadanos estadounidenses, y quizá les resulte difícil identificarse con los valores y la cultura que han definido a nuestro país durante muchas generaciones. Sin embargo, sigue siendo cierto que las creencias, conductas, actitudes y acciones de un grupo específico de personas que habitan un país, ya sean dos personas o más de trescientos millones de personas, determinarán en gran medida si esas personas vivirán en paz, salud, abundancia, seguridad y plenitud o en constante agitación, peligro, pobreza, enfermedad y carencia.

Acontecerá que si oyeres atentamente la voz de Jehová tu Dios, para guardar y poner por obra todos sus mandamientos que yo te prescribo hoy, también Jehová tu Dios te exaltará sobre todas las naciones de la tierra. Y vendrán sobre ti todas estas bendiciones, y te alcanzarán, si oyeres la voz de Jehová tu Dios. Bendito serás tú en la ciudad, y bendito tú en el campo. Bendito el fruto de tu vientre, el fruto de tu tierra, el fruto de tus bestias, la cría de tus vacas y los rebaños de tus ovejas. Benditas serán tu canasta y tu artesa de amasar. Bendito serás en tu entrar, y bendito en tu salir. Jehová derrotará a tus enemigos que se levantaren contra ti; por un camino saldrán contra ti, y por siete caminos huirán de delante de ti. Jehová te enviará su bendición sobre tus graneros, y sobre todo aquello en que pusieres tu mano; y te bendecirá en la tierra que Jehová tu Dios te da. Te confirmará Jehová por pueblo santo suyo, como te lo ha jurado, cuando guardares los mandamientos de Jehová tu Dios, y anduvieres en sus caminos. Y verán todos los pueblos de la tierra que el nombre de Jehová es invocado sobre ti, y te temerán. Y te hará Jehová sobreabundar en bienes, en el fruto de tu vientre, en el fruto de tu bestia, y en el fruto de tu tierra, en el país que Jehová juró a tus padres que te había de dar. Te abrirá Jehová su buen tesoro, el cielo, para enviar la lluvia a tu tierra en su tiempo, y para bendecir toda obra de tus manos. Y prestarás a muchas naciones, y tú no pedirás prestado. Te pondrá Jehová por cabeza, y no por cola; y estarás encima solamente, y no estarás debajo, si obedecieres los mandamientos de Jehová tu Dios, que yo te ordeno hoy, para que los guardes y cumplas.

(Deuteronomio 28:1–13)

Cuando Dios llamó a la nación de Israel a ser su propio pueblo, prometió estar con ellos, guiarles y bendecirles con una salud perfecta, con mucha abundancia para cada una de sus necesidades, el favor de pueblos y naciones a su alrededor y éxito en todo lo que se propusieran hacer. Les dijo que sus bendiciones les alcanzarían y que no podrían detener el favor de Dios sobre sus vidas. Lo único que tenían que hacer era confiar en Él, ponerle en primer lugar por encima de todo lo demás, y seguir las instrucciones que Él les dio para la vida.

Desgraciadamente, el pueblo de Dios con frecuencia terminó haciendo justamente lo opuesto, y pagaron un doloroso precio. Su desobediencia, su falta de confianza en la misericordia y la bondad de Dios, y su insistencia en seguir su propia sabiduría y planificación erróneas en lugar del bosquejo perfecto de Dios para sus vidas, a veces les llevó, durante su larga historia, a ser esclavos de otras naciones. A lo largo de todas sus duras pruebas, Dios siguió llamando a su pueblo a regresar a su camino perfecto, donde les esperaban bendiciones y abundancia.

Quizá la historia le resulte familiar. Es muy parecida a las situaciones y circunstancias que experimentamos hoy. Hacemos una pequeña oración, esperando recibir así la bendición de Dios, y luego seguimos adelante con nuestros propios planes y agendas en vez de esperar el tiempo perfecto de Él. Aunque todos somos conscientes del consejo de Dios, demasiados de nosotros terminamos siguiendo

Esto es lo que Dios está esperando: la decisión por parte de cada uno de nosotros de abandonar nuestros propios caminos, con todo el sufrimiento y la confusión que conllevan, y que regresemos a su camino perfecto.

el curso de acción contrario. Por supuesto, como caballero que es, Dios permite que vayamos por nuestro camino, esperando pacientemente a que lleguemos al límite y finalmente digamos: "Padre, estaba equivocado; tenías razón. Toma el control".

Esto es lo que Dios está esperando: la decisión por parte de cada uno de nosotros de abandonar nuestros propios caminos, con todo el sufrimiento y la confusión que conllevan, y que regresemos a su camino perfecto. Él promete en su Palabra que esperará hasta que estemos listos para recibir su misericordia, cuando hayamos llegado al límite de nosotros mismos y de nuestros propios recursos, nuestras propias ideas y estrategias, para que podamos descansar en su cuidado, recibir su salvación y celebrar la abundancia que hay en su mesa.

> *Porque así dijo Jehová el Señor, el Santo de Israel: En descanso y en reposo seréis salvos; en quietud y en confianza será vuestra fortaleza. Y no quisisteis.... Por tanto, Jehová esperará para tener piedad de vosotros, y por tanto, será exaltado teniendo de vosotros misericordia; porque Jehová es Dios justo; bienaventurados todos los que confían en él.* (Isaías 30:15, 18)

De regreso al Dios de nuestra salvación

Ciertamente parece que se está produciendo un cambio drástico en nuestra propia nación, y sin lugar a dudas en todo el mundo. La prosperidad, abundancia, plenitud y paz que habíamos supuesto como nuestro derecho y privilegio durante tanto tiempo, ahora parecen estar alejándose. En su lugar ha llegado abundancia de incertidumbre, incluso de temor, sobre el futuro.

Los trabajos que antes parecían buenos y seguros ahora no son comunes y están desapareciendo. Los recursos financieros que parecían tan abundantes hace unos años ahora son escasos o inexistentes. La paz, el orden y la belleza de muchos de nuestros vecindarios y comunidades están siendo reemplazados por la violencia, el abuso, la corrupción, la decadencia, el delito y el caos. Muchos de nuestros hogares, en tiempos santuarios de paz contra las hondas y flechas del frío mundo cotidiano, se han vuelto desordenados, discordantes y abusivos. La risa y felicidad de muchos de nuestros hijos, antes seguros y bien ajustados, en muchos casos han sido reemplazadas por rebeldía, ira, orgullo y desobediencia. Parejas que se querían, comprometidas el uno con el otro "hasta que la muerte nos separe", han sido reemplazadas hasta cierto punto por "socios", comprometidos más con uno mismo y la búsqueda del placer que con el bienestar del otro, con discordia, separación y divorcio como fruto de sus uniones.

¿Hay esperanza para una nación y un pueblo que antes declaraban sin vergüenza alguna "Confiamos en Dios" pero que ahora están inmersos en una vida de pecado y egocentrismo, que va a la deriva y confundida? La respuesta es un enfático e inequívoco "¡Sí!". Dios tiene una promesa para cada individuo, y cada pueblo como colectivo, que acuda a Él en humildad y total confianza. Así como Él le dijo a su pueblo, Israel, nos sigue diciendo a usted y a mí: *"Ustedes se salvarán sólo si regresan a mí y descansan en mí. En la tranquilidad y en la confianza está su fortaleza"* (Isaías 30:15, NTV).

Dios tiene una promesa para cada individuo, y cada pueblo como colectivo, que acuda a Él en humildad y total confianza.

Para muchos de nosotros, eso puede sonar como una orden difícil, una hazaña imposible de conseguir. Cuando todo dentro de nosotros nos grita, en nuestra necesidad y ansiedad: *¡No te quedes ahí solamente* *confiando en Dios! ¡Haz algo; lo que sea!*, decidir estar quieto y confiar en Dios parece casi ridículo. Pero créame, Dios está ahí para ayudarle, para capacitarle a fin de que pueda estar firme y esperar en Él mediante el poder de su Espíritu Santo. Él no está muy lejos, sino cerca de cada uno de nosotros en nuestra necesidad.

Todo lo que no sea Dios le fallará. —E. Stanley Jones

¿Es usted esa persona?

Cualquier cosa que usted necesite hoy, Dios está esperando dársela, por su misericordia. Él está buscando personas que hagan de la fe y la relación con Él un estilo de vida. Está buscando personas que sean parte de la comunidad mundial de creyentes que lleven de regreso sus familias, vecindarios, comunidades y naciones a Dios. Está buscando gente que se ponga en la brecha, se comprometa con una fe fuerte y vital, gente que edifique familias fuertes que confíen en Dios juntos, y gente que practique la administración financiera basada en los principios sagrados y bíblicos.

El giro para una nación y un pueblo que están al borde comienza con una persona que se levanta y dice "¡Sí!" a Dios. ¿Es usted esa persona? En los capítulos siguientes, le mostraré cómo puede encontrar esa entrada al tipo de fe que puede mover montañas en su vida, montañas y obstáculos que puede que haya pensado desde hace mucho tiempo que bloquearían para siempre las bendiciones de Dios. También le mostraré el consejo de Dios acerca de construir familias fuertes que puedan capear cualquier tormenta que la vida les traiga. Finalmente, le mostraré el consejo perfecto de Dios sobre una buena economía, algo que todos necesitamos en estos tiempos de incertidumbre.

No tenga duda de que la provisión de Dios, y todo lo mejor que tiene para usted, no depende de la economía, de los antojos del mercado de valores, de cuánto dinero tenga usted en el banco, o de si tendrá mañana un trabajo. La provisión de Dios para usted y su familia depende solo de una cosa: la fidelidad de Dios a su Palabra. Él es el

Creador de todo, toda la riqueza del mundo está a su disposición, y ha prometido suplir todas sus necesidades conforme a las riquezas de su gloria y su reino eterno (véase Filipenses 4:19).

Lo único que usted tiene que hacer es creer y recibir.

Capítulo 2

Se trata de relación

Hay ciertas preguntas antiguas que se han hecho personas como usted y como yo desde el comienzo de la humanidad:

"¿Quién soy?"

"¿Por qué nací?"

"¿Existe alguna razón por la que estoy en esta tierra?"

Las formas en que se enmarcan estas preguntas podrían ser innumerables, pero la pregunta básica que cada uno debe afrontar se reduce a nuestro propósito individual en la vida. ¿Por qué estamos en este gran planeta y a veces confuso llamado Tierra?

Tristemente, muchas personas luchan toda su vida y nunca llegan a entender cuál es su razón de estar aquí. Otros reciben pistas que les dan quienes les rodean, en un intento de encontrar la respuesta en una carrera, creando una empresa o haciendo dinero. Otros dedican su vida a la educación y la interminable búsqueda del aprendizaje. Aún otros invierten su vida en relaciones y la familia, convencidos de que es en estos esfuerzos donde encontrarán propósito y significado. Algunas personas piensan que encontrarán su verdadero propósito realizando esfuerzos filantrópicos, entregándose por completo a sacrificarse por otros. El reconocido psicólogo y filósofo americano William James dijo una vez: "El gran uso de la vida es emplearla en algo que perdure". Aunque eso suena noble y bueno, estoy convencido de que este tipo de pensamiento pasa por alto la razón por la que usted y yo nacimos.

El Rey Salomón, uno de los hombres más sabios que haya vivido jamás, tuvo la oportunidad de experimentar los altibajos que la vida nos puede deparar. Aunque Dios le había dado un don de sabiduría increíble para tomar las mejores decisiones tanto para sí como para el pueblo sobre el que reinaba, Salomón abandonó ese precioso don más adelante en la vida y comenzó a perseguir los lujos, riquezas y extremos sensuales que el mundo tenía que ofrecerle. En Eclesiastés, él explicó que todo lo que vio y quiso, lo persiguió de todo corazón, trabajó duro para conseguirlo o lo recibió agresivamente. Su actitud no era muy distinta a la de muchas personas hoy día, que trabajan duro, juegan duro y van en pos de todo el disfrute y el placer que la vida les pueda ofrecer. Pero veamos el resultado final de los deseos de Salomón.

> *Todo lo que quise lo hice mío; no me negué ningún placer. Hasta descubrí que me daba gran satisfacción trabajar mucho, la recompensa de toda mi labor; pero al observar todo lo que había logrado con tanto esfuerzo, vi que nada tenía sentido, era como perseguir el viento. No había absolutamente nada que valiera la pena en ninguna parte.* (Eclesiastés 2:10–11, NTV)

Cuando llegó al final de sus días, Salomón miró hacia atrás a todo lo que había logrado, midió las riquezas que había acumulado e hizo inventario de todos los placeres terrenales que había disfrutado. Entonces, llegó a la conclusión de que había solo una cosa en la vida que realmente importaba: conocer a Dios y seguirle con abandono.

San Agustín, quien al igual que Salomón pudo experimentar todo el libertinaje, el pecado y la conducta extrema que el mundo podía ofrecerle, llegó a una conclusión que se asemeja a la de Salomón: "Tú nos has creado para ti, oh Señor, y nuestro corazón está intranquilo hasta que halla descanso en ti".

Usted fue creado con un propósito

Cuando observo el interminable frenesí de actividades en el que tantos individuos están inmersos, me sorprende la agitada energía con la que muchos de nosotros llenamos nuestros días, siempre buscando algún propósito que nos dé cierto sentimiento de satisfacción y logro personal. Salomón nos dijo que buscamos en vano el propósito de nuestra vida hasta que lo encontremos en a Aquel que nos creó: el Dios todopoderoso.

> *Nada tiene sentido, es como perseguir el viento.... Entonces llegué a la conclusión de que no hay nada mejor que disfrutar de la comida y la bebida, y encontrar satisfacción en el trabajo. Luego me di cuenta de que esos placeres provienen de la mano de Dios. Pues, ¿quién puede comer o disfrutar de algo separado de él? Dios da sabiduría, conocimiento y alegría a quienes son de su agrado.* (Eclesiastés 2:17, 24–26, NTV)

En un tiempo y en una era en la que muchos individuos se preguntan: "¿Que puedo sacar de esto?", la idea de que fuimos creados con un propósito distinto al de la propia realización puede parecer extraña y ajena. Pero créame cuando le digo que Dios no le creó para pasar su vida adquiriendo riquezas, poder, educación, relaciones o ninguna otra cosa bajo el sol. No, Él le creó con un propósito, un propósito que está identificado en esta escritura:

> *Señor, digno eres de recibir la gloria y la honra y el poder; porque tú creaste todas las cosas, y por tu voluntad existen y fueron creadas.* (Apocalipsis 4:11)

Lea bien esta frase. El apóstol Juan, uno de los principales líderes de la iglesia primitiva, escribió esta frase fundamental que ha definido la fe cristiana a través de los siglos. Usted y yo, así como todo lo demás que existe en el mundo, fuimos creados por la voluntad de Dios. De hecho, hoy y cada día, usted y yo seguimos existiendo solo porque es la voluntad de Dios. Esta verdad debe hacerle reflexionar inmediatamente sobre en qué está empleando su vida. Otra traducción de este mismo versículo dice que fuimos creados para el agrado de Dios. Es cierto; usted y yo fuimos creados para agradar a Dios.

Permítame hacerle una pregunta: ¿Cree que su vida agrada a Dios? ¿Cuánto tiempo durante su día emplea pensando en cómo puede asegurarse de que Dios se agrade de su vida? Conozco a un hombre que comienza cada día con la siguiente oración en su corazón y en su mente: "Señor, no voy a emplear este día siguiendo nada que no te haga feliz y te dé gozo. ¡Mi primera prioridad es asegurarme de que tú tengas un buen día!".

¿Qué hace feliz a Dios?

¿Qué pasaría si viviera usted cada día con ese tipo de actitud? Quizá no sepa qué hace feliz a Dios. ¿Cómo podría descubrirlo? Tengo buenas noticias para usted. Dios nos ha dado a cada uno instrucciones claras para vivir una vida que le cause gozo y, en el proceso, que nos aporte inagotable gozo, prosperidad y abundancia en cada área de la vida. Estas instrucciones se encuentran en su santa Palabra: la Biblia.

Dios nos ha dado a cada uno instrucciones claras para vivir una vida que le cause gozo y, en el proceso, que nos aporte inagotable gozo, prosperidad y abundancia en cada área de la vida.

El problema para muchos de nosotros es que en lugar de abrir este libro de verdad, salud y sabiduría infinitas para descubrir cómo vivir de manera que sea agradable a Dios, deseamos actuar solos, intentando descubrir en vano la forma de usar nuestra sabiduría, las ideas de otros o simplemente probar. Cuanto más lo intentamos, más perdidos y confundidos parecemos estar, y más profundamente nos encontramos en el error y el caos. Pero no tiene que ser así.

Confianza total

El mensaje general que Dios nos ha dado a través de su Palabra nos proporciona una respuesta sencilla a lo que hace feliz a Dios, y es: Dios está feliz cuando ponemos toda nuestra confianza en Él.

Uno de mis pasajes favoritos en Proverbios nos da esta promesa de la guía inagotable de Dios y el poder para sostener nuestras vidas:

> *Confía en el Señor con todo tu corazón, no dependas de tu propio entendimiento. Busca su voluntad en todo lo que hagas, y él te mostrará cuál camino tomar.* (Proverbios 3:5–6, NTV)

Dígame algo: ¿Con qué frecuencia en su día a día puede decir que confía en el Señor con todo su corazón? Cuando se enfrenta a decisiones serias, o cuando las dificultades llaman a su puerta, ¿anula su "*propio entendimiento*" y en cambio confía en la infalible Palabra de Dios y en la perdurable misericordia que Él ha prometido? ¿Puede decir honestamente que las decisiones que usted toma en la vida están basadas en reconocer a Dios como su Fuente y Proveedor, y que está comprometido a seguirle dondequiera que Él le guíe?

Muy a menudo, los que le hemos entregado nuestra vida a Cristo y estamos haciendo un esfuerzo por confiar en Él y vivir sobre la base de su Palabra nos encontramos poniendo en un compromiso los elementos de fe a los que hemos sido llamados. A fin de cuentas, vivimos en un mundo que constantemente nos hace señas para seguir el camino de menor resistencia, para hacer las cosas corruptas que parecen funcionar para otros y para seguir a la multitud en lo que "*parece derecho*" (Proverbios 14:12). Pero cuando hacemos eso, poco a poco nuestra fe en Dios comienza a debilitarse, y empezamos a hacer concesiones en pequeños asuntos de fe, confiando cada vez menos en Dios en nuestras finanzas, nuestras carreras, nuestras relaciones, nuestras familias y en todas las cosas esenciales de la vida. Poco después, descubrimos que lo que comenzó como una pequeña concesión está arruinando nuestra vida.

Como pueblo de Dios, somos llamados a ser diferentes, a vivir de modo distinto a como vive el mundo. La Biblia nos llama "*posesión exclusiva*" (1 Pedro 2:9, NTV). Es cierto: somos un poco extraños. Cuando usted decide confiar en Dios totalmente en cada aspecto de la vida, sus amigos, socios e incluso miembros de su familia quizá comiencen a mirarle como si se hubiera vuelto loco al ser testigos de cómo usted toma ahora sus decisiones basándose en su confianza en la Palabra de Dios en lugar de la sabiduría del mundo.

A medida que la economía de nuestra nación se ha tensado y el clima moral de nuestra sociedad se ha vuelto cada vez más inestable, creo sinceramente que Dios está comenzando a usar estas circunstancias para llamar a su pueblo a una mayor fe en Él y a alejarse de un sistema del mundo destinado a derrumbarse. De hecho, Él nos está llamando a desechar la manera en que el resto del mundo vive y a vivir según una norma de santidad y fe. Él no quiere que sus hijos se contaminen y contagien con la mentalidad corrupta del mundo. El mundo dice: "Hazlo a tu manera, cueste lo que cueste, y tendrás éxito"; pero la manera de la fe, la manera que hace feliz a Dios dice: *"Fíate de Jehová de todo tu corazón, y no te apoyes en tu propia prudencia"* (Proverbios 3:5).

> Nunca temas confiarle un futuro desconocido a un Dios conocido. —Corrie ten Boom

Fe total

La Biblia nos dice que es absolutamente imposible agradar a Dios y estar bien con Él sin tener una fe total en Él. ¿Por qué es así? El escritor del libro de Hebreos dice que es porque los que acuden a Dios, los que desean estar bien con Él, deben creer que Él está presente en cada circunstancia y que dará lo mejor de Él a los que confíen completamente en Él.

> *Pero sin fe es imposible agradar a Dios; porque es necesario que el que se acerca a Dios crea que le hay, y que es galardonador de los que le buscan.* (Hebreos 11:6)

Piense en ello. Si cree que Dios existe por la verdad que ha descubierto en su Palabra, entonces se verá obligado a tomar una decisión: estar de acuerdo con lo que dice su Palabra y confiar totalmente en Él en todos los aspectos de su vida, o rechazar su Palabra y rehusar creer.

Para decirlo de otra forma, usted solo tiene dos opciones con Dios: o bien cree en Él, o no cree en Él. No hay zona intermedia; es fe o es incredulidad. El problema de muchas personas que se llaman cristianos hoy día es que quieren una zona intermedia. Quieren declarar su fe en Dios, pero al mismo tiempo permanecer en sus propios méritos. Quieren confiar en Él a la vez que guardan un plan alternativo, en caso de que no les gusten las respuestas que reciban de Dios. Pero no se puede vivir en ambos caminos.

Dios se agradará con su vida solo si usted pone su fe en Él. La Biblia nos dice que hay solo un modo en que puede poner toda su fe en Él. Debe verle como *"el camino, la verdad y la vida"* (Juan 14:6).

Reconocer a Jesús como el único camino

El mensaje del evangelio de Jesucristo es familiar para millones de personas en toda América y alrededor del mundo. De hecho, según un investigador, más del 76 por ciento de estadounidenses (aproximadamente 159 millones de personas) se identifican como cristianos. Si ese es el caso, ¿por qué tantos de nosotros seguimos comportándonos de formas que son diametralmente opuestas a las bases de la fe cristiana, como enseña la Biblia?

Más que nunca en nuestra sociedad, conductas y actividades que son destructivas para individuos, familias, comunidades y culturas, parecen dominar las vidas de las personas: divorcio, homosexualidad, pornografía, abuso de mujeres y niños, aborto, deshonestidad en el trabajo, egoísmo, egocentrismo; esta lista podría continuar. Todas estas conductas y otras parecen tener a personas de todas las edades con cadenas de ataduras que les controlan un día sí y otro también.

Solo puede haber una razón por la cual las personas que se llaman cristianas viven por debajo de las normas a las que son llamados. De algún modo, no han entendido una sencilla verdad del mensaje del evangelio: Jesucristo vino para liberarles y capacitarles para que vivan vidas de abundancia y significado.

En mi función como pastor y líder de una comunidad, he visto que la gente anhela encontrar respuestas a sus necesidades más profundas. Nadie *quiere* tener ataduras. Nadie *quiere* que su matrimonio fracase y su familia viva en confusión y desesperación. Nadie *quiere* estar encadenado a problemas que lentamente destruyen tanto a él como a las personas a las que ama. Las personas quieren conocer la verdad que les hará libres (véase Juan 8:32). Están buscando una vida genuina.

Estas son las buenas noticias del evangelio. Jesús dijo: *"Yo soy el camino, la verdad y la vida"* (Juan 14:6). ¿Qué quiso decir con eso? Quiso decir que solo Él es la entrada a toda la abundancia y satisfacción para las que Dios nos creó a todos para que las disfrutemos. Como expliqué antes, Dios nos creó a usted y a mí para tener una relación con Él, y todo lo que Él crea es perfecto. La relación para la que Él nos creó a fin de que la disfrutáramos fue perfecta, sin obstáculo alguno que bloquee el paso impidiendo que recibamos todo lo que Él desea darnos.

Dios nos creó a usted y a mí para tener una relación con Él, y todo lo que Él crea es perfecto.

Vencer el obstáculo del pecado

Desde la desobediencia del primer hombre y mujer creados, Adán y Eva, nuestra relación con Dios ha quedado rota. La Biblia llama a esa desobediencia "pecado", y a lo largo de los siglos el pecado ha sido el elemento principal que ha impedido que las personas disfruten la buena vida para la que Dios les creó. El pecado en cada una de nuestras vidas ha impuesto un enorme abismo que nos ha impedido llegar a Dios y tener una buena relación con Él.

A lo largo de la historia, muchas personas han intentado cruzar ese abismo en sus propias fuerzas, mediante las buenas obras y tradiciones religiosas, intentando convencerse a sí mismos de que no existe tal abismo, ¡e incluso declarando que no hay Dios al que debamos dar cuentas! Pero, a pesar de sus intentos, no pueden encontrar la libertad de la ataduras de pecado o del profundo sentimiento de que sus vidas se han desviado.

El mundo que les rodea les ofrece todo tipo de métodos y sistemas para vivir que pueden parecer correctos en un momento dado, pero la Biblia nos dice que todos esos caminos llevan a la muerte y la destrucción (véase Proverbios 14:12). El resumen es: nunca podemos ser lo suficientemente buenos para ocuparnos del problema inherente del pecado en nuestra vida. La Palabra de Dios nos dice que el resultado de ese problema del pecado no es solo la separación de Dios, sino también la muerte eterna. *"Porque la paga del pecado es muerte"* (Romanos 6:23).

> La sangre de Jesús elimina nuestro pasado y el nombre de Jesús abre nuestro futuro. —Jesse Duplantis

El poder del amor

Si fuera esa la manera en que termina la historia, todos tendríamos un gran problema aquí en la tierra. Si Dios fuera solamente justo y no también compasivo y misericordioso, entonces, cuando la humanidad arruinó la perfección de su creación mediante desobediencia, rebeldía y pecado, Él bien podría haber tirado la toalla, dejándonos solo con nuestros propios recursos, y permitiendo que la muerte nos cubriera en oscuridad eterna.

Sin embargo, ese no es el carácter de Dios, como veremos. Él no solo es justo y completamente santo, sin ningún indicio de pecado o error, sino que también es compasivo, misericordioso y no está dispuesto a que ninguno de quienes Él creó sea destruido mediante la atadura del pecado.

> *El Señor... no queriendo que ninguno perezca.*
> (2 Pedro 3:9)

Uno de los versículos de la Biblia más conocidos en el mundo, el cual quizá incluso usted aprendió de niño de la escuela dominical, nos da una gran pista de cómo Dios dio la vuelta a toda la desgracia, el dolor y la destrucción del pecado que existía en el mundo.

> *Porque de tal manera amo Dios al mundo, que ha dado a su Hijo unigénito, para que todo aquel que en él cree, no se pierda, más tenga vida eterna.* (Juan 3:16)

De hecho, la Biblia indica que Dios ofreció este precioso e irremplazable regalo de su Hijo sin ninguna garantía de que nosotros recibiéramos y aceptáramos la salvación, destacando que Dios demostró su amor hacia nosotros *"en que siendo aún pecadores, Cristo murió por nosotros"* (Romanos 5:8).

La pena de muerte era la única manera de eliminar la atadura de pecado que nos impedía tener la comunión que Dios pretendía que tuviéramos con Él. La muerte de Jesús, el Hijo de Dios perfecto y sin pecado, seguida de su resurrección increíble y totalmente victoriosa solucionó por completo el problema de pecado que nos separaba de Dios.

Pero hay un paso importante que debemos dar para asegurarnos esa salvación. Según Juan 3:16, debemos creer. Creer en Jesús es la base de todo lo que Dios tiene para nosotros en este mundo y en la vida venidera. La Biblia nos dice que Él es el único camino para encontrar paz y una relación con Dios (véase Romanos 5:1). Cuando confesamos nuestros pecados y ponemos nuestra confianza en Jesús, pidiéndole que nos limpie de todo nuestro pecado y maldad, la Biblia dice que *"Él es fiel y justo para perdonar nuestros pecados, y limpiarnos de toda maldad"* (1 Juan 1:9). Jesús es fiel para redimirnos al propósito original para el que fuimos creados: comunión e intimidad con el Padre celestial.

Jesús es fiel para redimirnos al propósito original para el que fuimos creados: comunión e intimidad con el Padre celestial.

Jesús mismo dijo que la razón por la que vino la tierra fue para darnos vida abundante (véase Juan 10:10). Por tanto, cuando confiamos en Él, no solo se encargará de que el cielo sea nuestro hogar cuando dejemos esta vida, sino que también promete que se encargará de que tengamos gozo y satisfacción en cada rincón de esta vida: en nuestro interior, en nuestras relaciones con otros, en nuestra salud e incluso en nuestras finanzas. Él tiene un destino de por vida para cada uno de nosotros que comienza en el momento en que le recibimos como Salvador y Señor.

Conocer la importancia de la humildad y el arrepentimiento

Aunque la Biblia nos dice que Jesús murió por nuestros pecados y errores para restablecer nuestra relación con Dios, hay un paso importante que cada uno debe dar para acceder a esa misericordia y gracia que Cristo nos ofrece. Ese paso es practicar la *humildad*. Las Escrituras dicen: "*Dios resiste a los soberbios, y da gracia a los humildes*" (Santiago 4:6). Humillarse es darse cuenta de lo débiles y bajos que somos, que no podemos hacer nada para cambiar el curso de nuestras vidas por nuestras propias fuerzas. Ese conocimiento es lo único que Dios nos pide. Quiere que entendamos y confesemos nuestra ineptitud, nuestro pecado y nuestra total y profunda necesidad de Él. Eso se llama *arrepentimiento* y Dios nunca rechaza a quienes acuden a Él con este tipo de actitud.

> *Cercano está Jehová a los quebrantados de corazón; y salva a los contritos de espíritu.* (Salmo 34:18)

El problema en nuestro mundo es que la humildad no se considera un rasgo positivo sino una debilidad que debemos evitar a toda costa. ¿Con qué frecuencia escucha a alguien admitir que estaba equivocado o que cometió un error? ¿Cuándo fue la última vez que escuchó a alguien pedir perdón? ¿Cuándo ha visto a alguien humillarse ante otra persona, mostrándose débil y sumiso a otro? En estos tiempos, las personas tienen miedo a admitir errores, debilidades o carencias en alguna área. Es mucho más fácil dejarnos llevar por nuestro orgullo y mentir, poner excusas o ignorar problemas propios que deberíamos enfrentar.

Pero en el reino de Dios, el orgullo es un obstáculo para recibir su misericordia, y la humildad es un valor esencial. Debemos acudir con humildad a Dios mediante Jesús, confesar nuestra necesidad y carencia, y pedir a Cristo que nos limpie y nos reciba. Y debemos hacer una petición importante más: debemos pedir a Jesús que tome el control de nuestra vida y nos guíe durante cada paso del camino. A esto se le llama darle a Cristo el señorío en nuestra vida. No es otra cosa que darle todo el control.

Dé ese paso

Esa es la puerta para la relación con Dios, la puerta para ser verdaderamente su hijo mediante la fe en Jesucristo. Me sorprende el poco énfasis que muchas iglesias y la sociedad cristiana en general le dan a estos pasos tan importantes para tener paz con Dios: recibir la limpieza de pecados de Cristo y darle el señorío de nuestra vida. Se predican muchas otras cosas desde nuestros púlpitos en la actualidad, desde asuntos sociales a agendas políticas, pasando por sistemas de autoayuda y un interminable sinfín de "temas favoritos" teológicos.

Mientras tanto, Jesús llama a quienes nunca le han aceptado como Salvador y Señor, así como a quienes se han alejado de una comunión cercana e íntima con el Padre celestial:

> *He aquí, yo estoy a la puerta y llamo; si alguno oye mi voz y abre la puerta, entraré a él, y cenaré con él, y él conmigo.*
> (Apocalipsis 3:20)

¿Cómo responderá a su llamado? Puede que usted haya o no haya dado ese paso crucial de fe en Cristo, pero puedo asegurarle que cuando dé ese paso y le entregue todos sus caminos al Señor, su vida nunca será la misma.

Me gustaría invitarle a dar ese paso conmigo en este momento. Dondequiera que se encuentre en la vida, sin importar lo buena o mala que pudiera parecer su situación, si le entrega su vida de nuevo a Cristo, encontrará el puerto seguro y el futuro de gozo y plenitud

> **Dondequiera que se encuentre en la vida, sin importar lo buena o mala que pudiera parecer su situación, si le entrega su vida de nuevo a Cristo, encontrará el puerto seguro y el futuro de gozo y plenitud que todos anhelamos.**

que todos anhelamos. Quizá ha dado este paso de fe en el pasado y verdaderamente quiso caminar rectamente y confiando en Dios, pero la vida se interpuso en su camino. Quizá tomó decisiones que le gustaría rectificar. Quizá sienta que está todo lo lejos de la paz con Dios que podría estar.

¿Quisiera repetir la siguiente oración de arrepentimiento y aceptación de Cristo y unirse a mí como hijo de Dios perdonado y aceptado? Puedo asegurarle que Él le recibirá dondequiera que usted esté, y está decidido a darle éxito durante el resto de su vida y para toda la eternidad. El hecho de que esté leyendo estas páginas ahora es una respuesta a la oración y una demostración de que Dios verdaderamente se preocupa por usted. ¿Querrá hacer esta oración conmigo?

Jesús, te he escuchado llamando a la puerta de mi vida, y ahora mismo, te abro mi vida. Confieso que soy pecador, y reconozco que tu sacrificio en la cruz es la única manera en que puedo ser salvo y tener una relación con Dios. Te recibo como mi Salvador, y te pido que seas mi Señor y tomes el control de mi vida. Gracias por quitar mi pecado, por incorporarme a la familia de Dios, y por ayudarme a ser la persona que debo ser. Amén.

Este paso que acaba de dar es muy importante porque establece su lugar en el reino de Dios y proclama su deseo de vivir su vida como Él quiso que la viviera. Como veremos en los capítulos siguientes, su fe en Dios mediante Jesucristo es absolutamente fundamental si quiere vivir de manera exitosa y abundante en cada situación.

Capítulo 3

Dios quiere darle todas las cosas

En mi función como pastor, una de las tareas que más disfruto es ayudar a las parejas a prepararse para el compromiso para toda una vida del matrimonio. Es un paso importante, un paso que requiere que tanto el futuro esposo como la futura esposa se olviden de cualquier apego a otras personas y cosas que pudieran alejarles el uno del otro y a darse por entero el uno al otro en amor y compromiso.

¿Alguna vez se ha tomado el tiempo de observar detenidamente a una pareja joven de enamorados mientras se preparan para el importante paso del matrimonio? Para las parejas en las que tanto el hombre como la mujer están verdaderamente enamorados el uno del otro, independientemente de lo que esté sucediendo a su alrededor, su enfoque está solo en el otro; todo lo demás, personas y cosas, son asuntos al margen. Su deseo es estar juntos todo el tiempo, descubrir más y más el uno del otro, y conocer todos los detalles, pequeños y grandes, de la vida de la otra persona.

En cuanto a él, el hombre quiere saber lo que le gusta y le disgusta a su novia, su color favorito, qué joyas y perfume le gustan y las cosas que le hacen reír, para poder así acercar más su corazón al de ella. Cuando están juntos, él está constantemente atento a sus necesidades. Le abre la puerta, es especialmente agradable con sus familiares y nunca llega a recogerla sin llevarle algún detallito que le guste y sea de su agrado.

De igual forma, la joven está ocupada por los pensamientos de su amado, pensando cómo puede estar más atractiva para él y qué puede hacer para que él siempre esté pensando en ella. Cuando los dos están juntos, sus ojos parecen estar siempre buscándole, observando y haciéndole señas para que se acerque, tiernos hacia aquel a quien ama.

Pero permítame plantear algunas preguntas asombrosas. ¿Qué cree que ocurriría con esta relación íntima y especial si, en vez de poner toda su atención y sus miradas en su novio, la futura esposa comenzara a permitir que sus ojos y su atención se desviasen hacia otros hombres, quizá a un antiguo novio? ¿Qué pensaría este joven de su novia, a quien ha amado, cuidado y con la que ha soñado pasar el resto de su vida? ¿Cree que sería una unión feliz y sana, llena de confianza, esperanza e intimidad? ¿O quizá la mente del esposo estaría llena de dudas, ansiedad e incluso celos cada vez que la viera dirigiendo su mirada hacia otro hombre o encontrando satisfacción en otra persona o cosa que no fuera él mismo?

Usted es la novia de Cristo

> *Y como el gozo del esposo con la esposa, así se gozará contigo el Dios tuyo.* (Isaías 62:5)

La relación matrimonial, con toda su intimidad y cercanía, se ha considerado siempre un símbolo de la cercana intimidad espiritual para la que Dios nos creó para que cada uno de nosotros disfrutáramos con Él mediante su Hijo Jesucristo. La Biblia se refiere a los que hemos hecho a Cristo nuestro Señor y Salvador como su "esposa". Esto incluye hombres, mujeres, niños y niñas; es decir, todos los que invocan el nombre de Cristo son colectivamente su novia.

La relación que Dios desea y promete a quienes apartan tiempo para conocerle supera con mucho el nivel mediocre e insatisfactorio que se ha convertido en un elemento de la experiencia religiosa americana en la actualidad.

Como vimos en el último capítulo, Dios nos creó para relacionarnos con Él, pero la relación que desea disfrutar con nosotros diariamente no es la asociación informal que muchos de nosotros visionamos cuando pensamos en una "relación personal con Jesucristo". De hecho, la relación que Dios desea y promete a quienes apartan tiempo para conocerle supera con mucho el nivel mediocre e insatisfactorio que se ha convertido en un elemento de la experiencia religiosa americana en la actualidad.

Para muchos de nosotros que nos hemos empapado del cristianismo cultural practicado en América, una relación con Cristo significa hacer "la oración del pecador" en una cruzada evangelística o después de una reunión de iglesia particularmente conmovedora donde nuestras emociones están por las nubes y sentimos la necesidad de proseguir y descubrir nuestro lugar en el reino de Dios. Para muchos de nosotros, es también asegurarnos de que estamos en la iglesia los domingos, y quizá incluso algún otro día de la semana. Es la obligación de dar de nuestros recursos naturales, al menos el 10 por ciento, e intentar (a menudo en vano) orar de forma regular mientras realizamos algún plan de lectura bíblica.

Tristemente, para la mayoría de individuos hoy día, este tipo de relación se convierte en un ejercicio inútil, y pronto se encuentran tirando la toalla al suponer que nunca podrán conocer realmente a Dios o vivir en la abundancia que Él ha prometido. Quizá se dejen llevar, siguiendo la corriente y sonriendo y alabando al Señor con todos los demás de la iglesia, manteniendo la farsa de que todo está bien y que están viviendo en victoria. Pero, en verdad, su vida cristiana se ha convertido en una decepción enorme.

No es de extrañar que tantos cristianos hoy hayan cambiado una "falsa" relación con Dios por las cosas baratas y de mal gusto que este mundo ofrece: éxito, dinero, juguetes caros, símbolos de estatus de lujo y otras distracciones mundanas que roban su paz y les impiden alcanzar la verdadera intimidad con su Padre celestial.

> Quien tiene a Dios y muchas otras cosas no tiene más que quien solo tiene a Dios. —C. S. Lewis

Descansar en sus promesas

Dios no permite que sus hijos acepten algo menos que lo mejor. Recuerde que Él nos prometió la abundancia y las riquezas de su reino: perdón de pecados, sanidad divina para nuestro cuerpo, prosperidad para nuestra casa y finanzas y un rebosar absoluto de todo su poder para ayudarnos a lograr todo aquello para lo cual nos creó.

Por toda la nación y alrededor del mundo, innumerables miles de buenas personas que aman a Dios y son llamadas a sus propósitos de repente se han visto viviendo en circunstancias muy por debajo de lo que pensaban que Dios les había prometido. Muchos han perdido hogares por los que habían trabajado durante años para poder comprar y disfrutar. Muchos han perdido carreras que habían supuesto que les llevarían hasta su jubilación. Otros no pueden encontrar el sueldo con el que pagar sus facturas mensuales. En resumen: los tiempos son difíciles, y no hay certeza de que mejoren en un futuro próximo.

¿Qué significa esto para los hijos de Dios, para los que invocan a Cristo como su Señor y Salvador? ¿Por qué tantos sufrimos de formas en que la Biblia dice que no deberíamos sufrir? ¿Dónde está la abundancia que Dios dijo que nos correspondía como hijos de Él?

Creo que está donde siempre ha estado: firmemente segura en las manos de Dios. Él no ha roto su promesa de abundancia y provisión para usted y para mí. Podemos tomar su promesa como cierta de que *"él es bueno, porque para siempre es su misericordia"* (Salmo 136:1). Además, estoy convencido de que, a pesar de los problemas y desafíos que estemos viviendo en nuestra economía y nuestra sociedad, Dios será fiel a su promesa. Él nunca se olvidará de los que ha escogido, ni permitirá que sus hijos pasen hambre. *"Nunca he visto abandonado al justo ni a sus hijos mendigando pan"* (Salmo 37:25, NTV).

Sin embargo, creo que Dios está permitiendo que muchos de quienes ama sean reducidos a lo mínimo para reenfocar su atención en Él y para ayudarles a aprender el camino a la verdadera intimidad con Él. En pocas palabras, Él quiere que la novia de Cristo actúe como la novia de Cristo: que su principal prioridad sea amarle y disfrutar de Él.

¡No tema, hijo de Dios!

Si lo que describí le suena como el lugar donde usted está viviendo ahora, déjeme asegurarle que Dios tiene mucho para que usted disfrute como hijo suyo que es. Jesús mismo le asegura esto cuando declara: "*No temáis... porque a vuestro Padre le ha placido daros el reino*" (Lucas 12:32). Sí, Dios se complace en hacerle bien a usted y a toda su casa. A Él no le gusta ver a su pueblo sufrir financieramente, físicamente, relacionalmente o de ninguna otra forma. Nuestro sufrimiento en estas áreas a menudo se produce simplemente por no mantener a Cristo en el centro de nuestras vidas.

Veamos por un momento al pueblo de Israel, a quien Dios escogió de entre todos los pueblos de la tierra como su propio pueblo. Cuando Dios los llamó, su intención era que solo le buscasen a Él, que le amaran y se olvidaran de las demás influencias y distracciones que el mundo tenía que ofrecer. Hizo un pacto de relación con su pueblo especial, prometiendo que Él les bendeciría de toda forma posible. Lo único que ellos debían hacer era mantener su lealtad y su amor enfocados solo en Él. Esto es lo que dijo sobre su especial tesoro, Israel:

> *Pues tú eres un pueblo santo porque perteneces al Señor tu Dios. De todos los pueblos de la tierra, el Señor tu Dios te eligió a ti para que seas su tesoro especial.* (Deuteronomio 7:6, NTV)

Dios estaba diciendo que este grupo de personas fue separado de todos los demás grupos para que pudieran ser su posesión única, sin mancha ante todo el mal y la impiedad que aumentaban por toda la tierra. Quizá piense que Dios escogió a los hijos de Israel porque eran un pueblo inherentemente especial, con algún talento único en algún aspecto que les hacía sobresalir del resto de naciones. Pero no era ese el caso. Cuando Él les habló en este versículo de Deuteronomio, eran un pueblo débil, necesitado y patético. De hecho, habían estado esclavizados en Egipto hasta que Dios les sacó bajo el liderazgo de su siervo Moisés.

Entonces, ¿por qué les sacó Dios y les llamó para ser su nación especial? Moisés lo explicó así:

> *Más bien, fue sencillamente porque el Señor te ama y estaba cumpliendo el juramento que les había hecho a tus antepasados. Por eso te rescató con mano poderosa de la esclavitud y de la mano opresiva del faraón, rey de Egipto.*
>
> (Deuteronomio 7:8, NTV)

Si lee con detenimiento este versículo, observará dos razones por las que Dios hizo lo que hizo: amor y pacto. Había fijado su *amor* sobre este pueblo desde el comienzo de su existencia, y había hecho un *pacto*, una promesa, con sus antepasados de que les guardaría como su pueblo especial, su tesoro. A cambio, lo único que Dios pedía era que ese pueblo débil y necesitado pusiera su fe en Él. Quería que confiaran en Él para todas sus necesidades, las cuales prometió suplir. Quería que le adoraran solamente a Él y que no se apartaran debido a la maldad que les rodeaba en medio de los otros pueblos con los que entraban en contacto.

De hecho, como todos sabemos, uno de los Diez Mandamientos que Dios dio personalmente al pueblo de Israel decía "*No tendrás dioses ajenos delante de mí*" (Deuteronomio 5:7). Él amplió este mandamiento cuando les advirtió que no hicieran acuerdos con las otras naciones en la tierra que les daba por herencia. En cambio, debían destruir toda influencia maligna que encontraran en la tierra, derribando todos los ídolos y cualquier otra cosa que pudiera alejarles tanto a ellos como a sus familias de amar a Dios con todo su corazón.

Confesar sus pecados no es un sustituto de abandonarlos.

—Anónimo

Él es un Dios de compasión

La agitada historia del pueblo de Israel demuestra lo fácil que puede ser perder el importante enfoque de amar a Dios con todo nuestro corazón y todo nuestro ser. Aunque Israel tuvo muchos buenos líderes que oraron fervientemente para que la gracia y la misericordia de Dios cubriera a sus caprichosos hijos, e hicieron todo lo que pudieron para guiarles, esta terca y rebelde nación parecía seguir cualquier otro camino y escuchar a cualquier otra voz que encontraran, excepto el camino y la voz de Dios. Dios le llamó *"pueblo de dura cerviz"* (Éxodo 32:9), resistente y poco dispuesto a tomar las decisiones que les asegurarían las bendiciones que Él les había prometido.

Sin embargo, Dios no les abandonó, ya que uno de sus principales atributos es la compasión. Él anhelaba a su pueblo escogido, le buscaba y deseaba una relación de intimidad con ellos. Como ocurre con los creyentes en Cristo, Él también comparó a Israel con una esposa, siendo Él mismo su esposo, diciendo: *"Como el gozo del esposo con la esposa, así se gozará contigo el Dios tuyo"* (Isaías 62:5).

Incluso después de que la rebeldía e infidelidad de Israel hacia Dios casi les arruinara como nación, reduciéndoles a una sombra de su anterior grandeza, Dios siguió buscando a su pueblo, asegurándoles que aún les amaba y deseaba. Prometió sacarles de su destrucción y convertirles nuevamente en una esposa hermosa y deseable.

> *Porque tu marido es tu Hacedor; Jehová de los ejércitos es su nombre; y tu Redentor, el Santo de Israel... con misericordia eterna tendré compasión de ti, dijo Jehová tu Redentor.*
>
> (Isaías 54:5, 8)

> Entre los atributos de Dios, aunque son iguales, la compasión brilla aún con más brillo que la justicia.
>
> —Miguel de Cervantes

La elección no fue de usted, sino de Dios

Al igual que con Israel, Dios no nos escogió por nuestra belleza, bondad o atributos especiales que pudiéramos tener.

El deseo de Dios de tener relación e intimidad con la nación de Israel refleja el corazón que Él tiene para cada uno de nosotros mediante nuestra fe en Jesucristo. Así como Dios sacó a Israel de la esclavitud en Egipto, llevándoles a una herencia de libertad y destino, también Dios nos ha redimido a cada uno de la esclavitud del pecado. Lo hizo mediante la muerte y resurrección de su Hijo Jesucristo. Al igual que con Israel, Dios no nos escogió por nuestra belleza, bondad o atributos especiales que pudiéramos tener. De hecho, la Biblia deja claro que, aunque estábamos totalmente perdidos en el pecado y merecíamos la muerte, aun así Cristo murió por nosotros (véase Romanos 5:8).

Hoy día, muchos cristianos suponen equivocadamente que cuando hicieron a Jesucristo su Señor y Salvador, fue un asunto de su propia elección. Nada podría estar más lejos de ser cierto. Jesús mismo dijo:

> *No me elegisteis vosotros a mí, sino que yo os elegí a vosotros, y os he puesto para que vayáis y llevéis fruto, y vuestro fruto permanezca; para que todo lo que pidiereis al Padre en mi nombre, él os lo dé.* (Juan 15:16)

¿Está empezando a ver el cuadro? Se trata del gran deseo de Dios de tener una relación con nosotros. Él nos escogió para sí mismo porque nos amaba y por el pacto que hizo hace mucho tiempo para limpiarnos de todo mal y hacernos perfectos y aceptados en su presencia, para llevarnos a su reino.

Hechos a imagen de Cristo

Como mencioné antes en este capítulo, Dios creó la relación matrimonial que esposos y esposas disfrutan aquí en la tierra como una representación de la verdad espiritual de nuestra relación con Cristo. En ningún lugar se presenta esta verdad de forma tan poderosa como en la amonestación del apóstol Pablo acerca de que los maridos deben amar a sus esposas.

> *Maridos, amad a vuestras mujeres, así como Cristo amó a la iglesia, y se entregó a sí mismo por ella, para santificarla, habiéndola purificado en el lavamiento del agua por la palabra, a fin de presentársela a sí mismo, una iglesia gloriosa, que no tuviese mancha ni arruga ni cosa semejante, sino que fuese santa y sin mancha.*
> (Efesios 5:25–27)

Qué poderosa declaración, y una que debiera hacer que cada uno examinase la calidad e intensidad de nuestro amor por Cristo. Piense en ello. El Hijo de Dios se dio completamente, derramando su vida como un sacrificio por nuestros delitos y pecados, para que fuéramos santificados, apartados para sus propósitos, limpiados, y preparados para ser una novia sin mancha alguna.

Me gustaría que se tomara un momento para reflexionar en su propia experiencia como cristiano, como parte de la novia de Cristo. ¿Siente que su vida ha llegado a la medida de ser santo y sin mancha delante de Dios? ¿Disfruta de la intimidad y comunión cercana con Dios que se producen al saber que ha decidido en su corazón amarle a Él por encima de todo? ¿O hay otras cosas que han ocupado el primer lugar en su vida? ¿Han apartado a Dios del centro de su vida las riquezas y las preocupaciones de este mundo, u otras prioridades?

Repito: creo firmemente que los tiempos difíciles que muchos de los hijos de Dios están viviendo hoy día son una indicación del llamado de Dios a que regresen a la simplicidad de la fe en Cristo. Jesús en cierta ocasión preguntó: "*Porque ¿qué aprovechará al hombre si ganare todo el mundo, y perdiere su alma?*" (Marcos 8:36). Usted puede perder una casa, un automóvil, una carrera o cualquier otra cosa en este mundo, pero eso no puede afectar a su relación con Dios o a su destino eterno. Sin embargo, Dios dice que anteponer cualquier cosa terrenal a su relación con Él puede poner en peligro su destino eterno.

El amor de Dios es tan grande que Él hará todo lo necesario para que usted restablezca las prioridades correctas en su vida. Dios no tiene ningún problema con que sus hijos tengan grandes casas, bonitos autos o cualquier otra cosa buena de la vida que Él creó desde un principio. En esta vida, Él quiere ponerle *"por cabeza y no por cola"* (Deuteronomio 28:13). Pero su mayor deseo es que todas esas cosas estén bajo su señorío. Por eso Cristo nos dice: *"Mas buscad el reino de Dios y todas estas cosas os serán añadidas"* (Lucas 12:31).

La prioridad de Dios para usted es una relación con Él, no con las bendiciones que Él quiere darle. De lo contrario, esas bendiciones se convertirán en dioses en su vida, y como ya sabe, no puede tener otros dioses salvo Él. Si conocer y amar a Dios es su objetivo supremo en la vida, si Él es su único deseo, entonces todas las bendiciones de Él son de usted, y puede declarar con osadía con el Rey David:

> *Jehová es la porción de mi herencia y de mi copa; tú sustentas mi suerte. Las cuerdas me cayeron en lugares deleitosos, y es hermosa la heredad que me ha tocado.* (Salmo 16:5–6)

Sí, Dios es su herencia, y por ello, los límites de las bendiciones de Él sobre su vida llegan hasta donde pueden ver los ojos de su espíritu. ¡Tiene usted una herencia asombrosa e infinita!

Capítulo 4

Reciba un estilo de vida de fe

Hace varios años me encontraba en un largo vuelo en el que otro pasajero, que había estado volando durante más de 24 horas seguidas, comenzó a mostrar algunos graves efectos de fatiga aérea. Una azafata llegó rápidamente para ayudar al caballero y proporcionarle toda la comodidad y ayuda posibles, pero enseguida resultó evidente que ese pasajero necesitaba una atención médica adecuada. A través de la megafonía, la azafata preguntó si había algún doctor a bordo que pudiera dar ayuda de emergencia. En unos instantes, un caballero muy elegante se presentó ante la azafata, mostrándole sus credenciales como doctor, y comenzó a administrar la ayuda médica que necesitaba el pasajero. Ese doctor viajaba con su familia a un lugar de vacaciones para tener un bien merecido descanso. No había subido al avión como doctor, sino como pasajero y turista, pero aun así seguía siendo un doctor perfectamente preparado que de repente se vio inmerso en una situación en la que eran necesarios sus conocimientos y capacidades.

Mantenga firme su profesión

Después, mientras pensaba en cómo ese médico había respondido a la necesidad que se presentó, reflexionaba en que así es como Dios quiere que su pueblo responda cuando se encuentre con las circunstancias de la vida. El autor de Hebreos nos exhortó: *"Mantengamos firme, sin fluctuar, la profesión de nuestra esperanza, porque fiel es el que prometió"* (Hebreos 10:23). Algunos podrían sugerir que lo que el autor de Hebreos quiso decir con la palabra *"profesión"* era simplemente una declaración verbal de fe. Yo sugeriría que es algo más que eso. En nuestras carreras, una "profesión" es más que tan solo un trabajo. Es la manifestación externa de nuestros dones, talentos, conocimiento, experiencia y pasión. No es algo que solamente "profesamos" verbalmente, sino que incorpora gran parte de lo que somos.

De igual modo, cuando formamos parte de la familia de Dios mediante la fe en Jesucristo, no solo recibimos una nueva vida sino también una nueva profesión. Esto es más que meramente un testimonio verbal. Nuestra profesión es un estilo de vida totalmente nuevo. Ya no hemos de ser controlados y dirigidos por las viejas emociones de duda, temor e incredulidad. Como hijos de Dios, nos hemos convertido, mediante el poder del Espíritu Santo que vive en nosotros y fluye a través de nuestras vidas, en "caminantes de fe": personas que viven de cada palabra que sale de la boca de Dios. Como tales, la Escritura nos manda que seamos fuertes y firmes en nuestra nueva profesión. El escritor de Hebreos nos amonesta: "[Mantener] *firme, sin fluctuar, la profesión de nuestra esperanza*", añadiendo después: "*porque fiel es el que prometió*". En otras versiones de la Biblia, este versículo es incluso más agresivo y enfático, diciendo que debemos atrapar esta nueva profesión que hemos recibido, y retener sin vacilar la esperanza que atesoramos y confesamos.

En esta época de fe informal, demasiados cristianos se han permitido el lujo de caer en el hábito de declarar una fe que no reside verdaderamente en su corazón. Sí, creen en Jesús, declaran que Él es su Salvador, e incluso pueden confesar y creer hasta cierto punto en que Dios provee para sus necesidades; pero demasiados, si su fe fuera probada mediante dificultades, serían incapaces de mantenerse y perseverar. En otras palabras, aunque su fe pudiera ser una declaración, no ha llegado al nivel de convertirse en su profesión y estilo de vida.

Permítame darle una ilustración que esclarecerá más este punto. Para muchos de nosotros, nuestra profesión en este mundo define quiénes somos y cómo operamos en la sociedad. Ya sea usted doctor, abogado, maestro, plomero, electricista, camionero, esteticista o ama de casa, su identidad está atada, en muchos de los casos, a esa profesión.

Yo soy pastor, y mi profesión me sigue a dondequiera que vaya. No me puedo separar de ella; define cómo empleo mi tiempo, cómo me comporto en público y cómo otros se relacionan conmigo. Independientemente de lo que la gente piense de mí y de mi mensaje, ser pastor define lo que hago durante la semana, y en particular los domingos. A diferencia de otras personas, ir a la iglesia los domingos para mí no es opcional; tengo que estar ahí. He sido comisionado por Dios para entregar un mensaje de esperanza y salvación a quienes asistan. Debo ser leal a mi profesión, la cual demanda de mí que esté en la casa del Señor, dirigiendo los asuntos de Dios, siempre que se abran las puertas. Demanda que supervise y guíe los ministerios que surgen de mi congregación y me asegure de que aquello que profesan mi iglesia y sus líderes esté alineado con la Palabra de Dios y sus propósitos. No me puedo permitir el lujo de relajarme en mis tareas. Incluso cuando aparto tiempo para el descanso y el relax, no puedo desconectar mi mente y mi corazón de mi profesión como pastor y siervo de Dios.

No hace mucho tiempo, estaba yo con mi familia de vacaciones, descansando en la playa, cuando una señora se acercó a mí y me dijo: "Usted es el Obispo Fernandez, de la televisión, ¿no es cierto?". Tuve que admitir: "Sí, yo soy". Enseguida, esa preciosa señora me estaba contando su maravilloso testimonio y pidiéndome que orase por ella. Recuerde que yo estaba de vacaciones, y no en "modo pastor". Estaba en "modo vacaciones". Sin embargo, no me molestó, y por mucha privacidad que hubiera deseado en ese momento, dediqué un tiempo, allí mismo, para orar con ella porque soy pastor; esa es mi profesión.

Hace años, antes de convertirme en pastor, trabajaba como asistente de vuelo en una aerolínea comercial. En esa profesión, nos entrenaron para saber reaccionar ante una emergencia cuando el avión se encontrara en peligro. Nos enseñaron lo que debíamos hacer para asegurar el bienestar de los pasajeros. Parte de ese entrenamiento fue reconocer que todos los miembros de la tripulación, desde el piloto hasta los asistentes de vuelo, serían los últimos en salir del avión, solo después de haber evacuado a todos los pasajeros. Eso era parte de nuestra profesión. Si no éramos capaces de cumplir esa tarea sacrificial con los pasajeros, no tenía sentido que estuviéramos en esa profesión.

Imagine que va usted en un avión cruzando el océano Atlántico con trescientos pasajeros a bordo. De repente, se anuncia que el avión debe hacer un aterrizaje de emergencia en el océano. Tan pronto como el avión aterrice, usted tiene la oportunidad de salir vivo. Si espera hasta que todos los pasajeros estén fuera del avión, quizá sea demasiado tarde y usted perezca. ¿Qué haría? Como asistentes de vuelo, nos entrenaron para poner en primer lugar a nuestros pasajeros. Era nuestra profesión, y ese era un requisito.

La fe comienza donde termina la capacidad del hombre.

—George Müller

Andar por fe, no por vista

Cualquiera que sea su profesión, usted entrena para ella, vive para ella, y si quiere tener éxito en ella no puede incumplir sus requisitos. Lo mismo ocurre como hijo de Dios. Su profesión es la de fe en Dios mediante Jesucristo. A los ojos de Dios, retener su profesión de fe es crucial para su éxito en la vida. No es algo que Él deje al azar. De hecho, el apóstol Pablo lo llamó un requisito: *"Ahora bien, se requiere de los administradores, que cada uno sea hallado fiel"* (1 Corintios 4:2).

Cuando usted dice: "Yo creo en Dios", está haciendo una profesión que debe poner en práctica en los pequeños detalles de la realidad de la vida cotidiana. Debe vivirlo cuando está contento y las cosas funcionan bien, y debe perseverar y vivir esa misma profesión cuando la vida se pone difícil y todo en su interior grita: *¡Esto es demasiado duro! ¡Es más de lo que puedo soportar!*

Quizá, como muchas personas hoy día, está caminando por un lugar de desesperación y dificultad en este momento. En otros tiempos, usted asistía a la iglesia, cantaba cantos de alabanza, levantaba sus manos, declaraba: "Creo en Dios", y lo decía con todo su corazón; pero no había tanto en juego como hay ahora. Su profesión era mucho más fácil cuando su sueldo estaba asegurado, pagaba las facturas a tiempo, y la fidelidad y provisión de Dios eran tangiblemente evidentes en su vida.

Pero ahora, Dios le está llamando a andar en un nivel totalmente nuevo *"porque por fe andamos, no por vista"* (2 Corintios 5:7). Es un tiempo en el que va a tener que aprender a creer y permanecer en cosas que puedan parecer imposibles. El escritor de Hebreos llamó a este tipo de fe de alto nivel *"la certeza de lo que se espera, la convicción de lo que no se ve"* (Hebreos 11:1). Sí, Dios está llamando a su pueblo a creer en Él, incluso cuando todo a su alrededor dice lo contrario. Nos está llamando a declarar que, en cada área de necesidad, *"mi Dios, pues, suplirá"* (Filipenses 4:19).

Dios está llamando a su pueblo a creer en Él, incluso cuando todo a su alrededor dice lo contrario.

Si usted está en medio de una profunda necesidad ahora mismo, está en un buen lugar: el lugar perfecto para la provisión de Dios. No estoy diciendo esto como alguien que no lo haya experimentado. Yo he estado ahí, como innumerables miles de personas en el pueblo de Dios en todo el mundo; y puedo declararle esto sin lugar a dudas: *¡Dios es fiel!*

> No soy movido por lo que veo. No soy movido por lo que siento. Soy movido solo por lo que creo.
>
> —Smith Wigglesworth

Ocupe su lugar como caminante de fe

Incluso si quienes le rodean dudan, retenga su profesión como caminante de fe. Esas personas necesitan su ejemplo y su ánimo. Necesitan que usted se mantenga firme. Usted ha ido más allá de cantar cantos y hacer los movimientos correctos, de solo parecer un caminante de fe. Ahora usted es genuino, probado por el fuego de la aflicción, manteniéndose firme cuando dudar sería más fácil. Usted es un caminante de fe veinticuatro horas al día, siete días por semana. Es su estilo de vida.

Independientemente de lo que ocurra a su alrededor o de cómo se sienta en un momento dado, usted es un caminante de fe y alguien que habla en fe. Esa es su profesión, todo el tiempo, y nada puede apartarle de ese estilo de vida. Los caminantes de fe no son movidos por las circunstancias que les rodean; y como hombre o mujer que ha hecho una profesión de fe en Jesucristo, ha sido usted llamado por Dios a ser un caminante de fe. Él no quiere que le muevan las tormentas de la vida, sino que solo le mueva lo que dice su Palabra.

El enemigo intentará robar su bendición, su herencia y la palabra profética que se ha declarado sobre usted acerca de su destino en Dios. Va a intentar destruir su matrimonio, su familia, su economía y su futuro. Jesús dijo: *"El ladrón no viene sino para hurtar y matar y destruir; yo he venido para que tengan vida, y para que la tengan en abundancia"* (Juan 10:10). Si tiene a Jesús, tiene vida en abundancia, hasta el máximo, hasta que rebose. Eso es lo que Cristo vino a darle, y eso es lo que usted debe decidir que recibirá, ¡y nada menos! Debe declarar, para usted y su familia: "Viviré en el desbordar de la abundancia de Dios".

Por eso debe decidir recibir algo más que una fe informal y vacilante que es fuerte hoy pero débil mañana. El diablo sabe cómo husmear ese tipo de fe y destruirla. Esa es su especialidad: encontrar personas distraídas por los afanes y las preocupaciones de este mundo. Si su fe no es sólida como una roca, será usted destruido por el tremendo derramamiento de pruebas, angustia y maldad que vendrá sobre este mundo. No escribo esto para asustarle o desmoralizarle, sino que lo digo para que esté preparado. Dios quiere que esté listo, y es perfectamente capaz y está dispuesto a prepararle mediante su Espíritu Santo y su Palabra.

Amigo, su fe no puede permanecer estática. Su fe debe ser activa. El apóstol Pedro nos advirtió acerca de nuestro enemigo para que pudiéramos resistirle.

> *Vuestro adversario el diablo, como león rugiente, anda alrededor buscando a quien devorar; al cual resistid firmes en la fe,*

sabiendo que los mismos padecimientos se van cumpliendo en vuestros hermanos en todo el mundo. (1 Pedro 5:8–9)

Dos palabras en este pasaje le dicen todo lo que debe saber: *"firmes"* y *"fe"*. La única manera de resistir la avalancha de ataques del enemigo es resistiendo firme en su fe.

La fe no es parte de su vida. Es su vida. —Anónimo

¿Cuál es su profesión?

¿Cuál es su profesión? ¿Es usted un caminante de fe? ¿Está trabajando para el Rey de Reyes y Señor de Señores, hablando en fe, insistiendo en la fe, andando en fe y llamando las cosas que no son como si fuesen? (véase Romanos 4:17).

Muchos tendrían que admitir que su profesión ha estado lejos del andar y hablar de fe que usted sabe que Dios desea que tenga. Sí, cuando le ha convenido hacerlo, usted ha declarado las palabras correctas de victoria y abundancia, pronunciando frases de fe. Pero con demasiada frecuencia, en períodos de estrés y dificultad, se ha dado cuenta de que ha confesado temor, duda e incredulidad.

La buena noticia es que Dios no le condena por flaquear. Le está llamando a salir y caminar con más valentía. Es tiempo de crecer y andar en la plena estatura de un hijo de Dios maduro y preparado.

La buena noticia es que Dios no le condena por flaquear. Le está llamando a salir y caminar con más valentía.

Su capacidad para andar en fe aumenta al practicar y ejercitar su fe. Alguien dijo una vez que la fe es como un músculo. Si no lo ejercita, se debilita, y se vuelve blando y pasivo. Usted se convierte en un debilucho de cincuenta kilos, con el diablo pateando la tierra en su cara siempre que puede. Pero si permite que el Señor le guíe por los caminos que aumentarán su fe, se convertirá en un guerrero aguerrido, capaz de hablar a cualquier montaña, cualquier obstáculo y cualquier necesidad, para que en el nombre de Jesús, ¡suceda lo que usted proclama!

El punto de partida de la fe

La fe en Dios se libera en cada uno de nosotros en el instante en que entregamos nuestra vida a Jesús. En el momento en que confiesa a Jesús como Salvador y Señor de su vida, la fe entra en acción. Ahora bien, inicialmente, esa fe puede que sea pequeña. Como el hombre en el Nuevo Testamento cuya necesidad era tan grande que solo pudo clamar a Jesús diciendo: *"Creo; ayuda mi incredulidad"* (Marcos 9:24), puede que su nivel de fe sea pequeño y débil al principio; pero no se equivoque: la fe está ahí, residiendo en su corazón. Ese es el punto de partida de un estilo de vida de fe. No tiene que comenzar a lo grande; tan solo debe comenzar.

En Romanos 12:3, Pablo expresó lo siguiente: *"Conforme a la medida de fe que Dios repartió a cada uno"*. No, no todos hemos recibido la misma cantidad de fe, así como no todos hemos recibido la misma cantidad de músculo o de inteligencia. Obviamente, yo no tengo la misma cantidad de músculo de un jugador profesional de fútbol americano de la línea ofensiva que pesa ciento setenta kilos. Tampoco he recibido el mismo coeficiente de inteligencia de Albert Einstein. Sin embargo, en su sabiduría, Dios me hizo con la medida adecuada tanto de músculo como de inteligencia para la vida que me ha llamado a vivir.

Lo mismo ocurre con la fe. Algunos somos bendecidos con un mayor grado, incluso con un don especial, para creer que Dios hará grandes cosas. Pero confíe en que independientemente de la medida de fe que Dios le haya dado, es la cantidad suficiente que usted necesita para creer que Dios puede ayudarle en lo que le ha tocado vivir; y al usar esa medida de fe, a medida que Dios estira esa fe en usted mediante las situaciones y circunstancias de la vida, crecerá y se expandirá, como la levadura en el pan. A treinta, a sesenta, e incluso a ciento por uno, Dios aumenta su fe a medida que usted le cree (véase Marcos 4:8, 20).

¿Dónde se encuentra usted hoy en este proceso? Quizá ha estado caminando con el Señor desde hace bastante tiempo, intentando dar los pasos correctos, queriendo convencerse tanto a usted como a los demás de que hay una fe vital y activa que reside en su interior. Sin embargo, en lo profundo de su corazón, sabe que tiene un problema. Es un problema llamado incredulidad. Así como la vida y la muerte no pueden habitar juntas, así como la luz no puede convivir con las tinieblas, la fe no puede coexistir con la incredulidad.

Hay una manera fácil de destruir la incredulidad en su vida y reemplazarla por un estilo de vida de fe. Es tan simple como decidir que caminará diariamente en la Palabra de Dios. El apóstol Pedro escribe que un estilo de vida de fe comienza con *"la leche espiritual no adulterada, para que por ella crezcáis para salvación"* (1 Pedro 2:2). Los bebés recién nacidos necesitan leche, no carne ni otros alimentos sólidos. La necesidad de ese tipo de alimento llega con la madurez.

Muchos cristianos nunca han ido más allá de la etapa de "leche" espiritual porque nunca se han entregado a la Palabra de Dios. No hay otra manera de edificar la fe en su vida que alimentándose de la Palabra de Dios, alimentando todos los días su espíritu con los principios extraídos directamente del corazón de Él. El apóstol Pablo declaró que *"la fe es por el oír, y el oír, por la palabra de Dios"* (Romanos 10:17). De igual forma, el Rey David explicó que para deshacerse del temor, la duda y la incredulidad que batallan contra un estilo de vida de fe, debemos limpiarnos constantemente por la Palabra de Dios: *"¿Con qué limpiará el joven su camino? Con guardar tu palabra"* (Salmo 119:9).

Muchas personas del pueblo de Dios, independientemente de cuánto tiempo lleven caminando con Cristo, necesitan humillarse, darse cuenta de que siguen siendo bebés espirituales, y comenzar a cambiar su estilo de vida por uno que se enfoque en la Palabra de Dios en lugar de en las circunstancias de la vida.

> La fe no es meramente aferrarse a Dios, sino Dios aferrándose a usted. ¡Él no le soltará! —E. Stanley Jones

¿Hallará Jesús fe?

En Lucas 18, Jesús hizo una pregunta difícil a la que todos deberíamos prestar mucha atención. Se encuentra al final de la parábola de la viuda cuya petición persistente de justicia finalmente provocó una respuesta de un juez injusto. Cristo ofreció esta parábola para contrastar el enfoque desinteresado del juez hacia la necesidad de la viuda con la promesa de Dios de responder rápidamente cuando sus hijos clamen a Él en su necesidad más apremiante.

Después de asegurarnos la rápida respuesta de Dios cuando clamamos buscando ayuda, Jesús cambió el enfoque de nuevo a nosotros, preguntando:

> *Pero cuando venga el Hijo del Hombre, ¿hallará fe en la tierra?* (Lucas 18:8)

Esta es la pregunta que Jesús nos hace a usted y a mí. Mediante su muerte y resurrección, nos ha dado todo lo que necesitamos para caminar victoriosos en esta vida. Nos ha asegurado el perdón, adopción en la familia de Dios y abundancia para todas nuestras necesidades. Lo único que tenemos que hacer es tener fe en que Dios hará por nosotros lo que ha prometido.

Nuestro Padre celestial siempre ha demostrado ser fiel en toda circunstancia. Para que podamos vivir en la plena abundancia que nos ha prometido, no podemos hacer menos que confiar implícitamente en Él, apelando a las promesas que nos ha dado a lo largo de su Palabra.

Después de todo lo que Dios ha hecho, dando a su Hijo como sacrificio por cada una de sus necesidades y poniendo en sus manos su Palabra inmutable, la cual le promete todas las cosas pertenecientes a la vida en Él, ¿responderá usted a su provisión con un estilo de vida de fe simple pero a la vez poderosa? Esta es, en esencia, la pregunta que Cristo hace: ¿Encontrará fe en usted?

Tomemos un momento y pidámosle a Dios, mediante su Hijo, que termine la obra en cada uno de nosotros que nos permitirá declarar: "Sí, Señor, encontrarás fe en mí":

Padre, gracias por el incomparable don de tu Hijo y por llevarme a tu casa de fe. Te pido que me llenes a rebosar de una fe que pueda mover montañas, una fe que crea que tú harás lo imposible. Oro en el nombre de Jesús, amén.

Capítulo 5

Fe en Dios; ¡nada más!

El estimado psicólogo del siglo XX Erich Fromm dijo una vez: "Todo aquel que insiste en la seguridad y la garantía como condiciones principales de la vida no puede tener fe".

¡Qué bien resume esta frase tan sencilla proveniente de un observador secular la condición de una gran parte del pueblo de Dios hoy día! Al observar el panorama espiritual de nuestra nación a lo largo de mis años en el ministerio, mi preocupación ha ido aumentando por el grado al que quienes invocan el nombre de Cristo han llegado a hacer concesiones en muchos aspectos de su fe. De hecho, creo firmemente que se ha convertido en una crisis en gran parte de la iglesia actualmente. Sin embargo, lo más alarmante es que la tendencia hacia esa condición ha sido tan sutil y gradual que muchos cristianos ni siquiera reconocen que están en medio de una crisis de fe.

Un vistazo informal a las últimas décadas en América es suficiente para ver cuántos se han visto condicionados por la suposición de que de algún modo debiéramos ser inmunes a las dificultades e incertidumbres de la vida. Muchos llegan a esperar, o incluso demandar, un amortiguador que absorba y nos proteja de todos los riesgos para nuestro bienestar físico, financiero y emocional. Tal expectativa ha incitado a la sociedad en los últimos cincuenta años a levantar un despliegue cada vez mayor de redes de seguridad social para asegurar que nuestros trabajos, nuestros sueldos, nuestra salud, nuestra jubilación y nuestros hijos, y la lista podría continuar, estén a salvo de cualquier tipo de peligro.

Cada año, las compañías aseguradoras obtienen miles de millones de dólares de beneficio vendiéndonos pólizas diseñadas para proteger nuestra salud, hogares, bienes financieros y cualquier otra cosa que pudiéramos perder debido a desastres naturales, enfermedades o incluso la muerte. Estamos en buenas manos, nos aseguran.

Durante este mismo espacio de tiempo, el cuidado de la salud ha explotado hasta convertirse en una de las industrias más grandes de nuestra nación, donde los estadounidenses gastan miles de millones de dólares en tratamientos médicos, recetas y consejos de todo un ejército de médicos y expertos en salud cada vez más especializados. Ha quedado claro que, para muchos de nosotros, la comunidad del cuidado de la salud ha reemplazado a Dios como nuestra principal línea de defensa contra las enfermedades.

> De todas las tiranías, una tiranía sinceramente ejercitada para el bien de sus víctimas podría ser la más opresiva.
>
> —C. S. Lewis

Dios no aceptará un segundo lugar

Quizá la fuerza clave que ha competido por la lealtad de muchas personas por encima de la confianza en Dios sea el gobierno. Eche un vistazo a cualquier periódico, lea detenidamente cualquier página web o vea unos minutos la televisión, y con toda seguridad verá al gobierno en todo su poder y esplendor en historias de las noticias, blogs, películas, programas de televisión o conferencias de prensa. Escuchamos a "expertos" dialogando profundamente sobre cómo nuestros líderes están teniendo éxito o fracasando a la hora de ocuparse de nosotros, y especulamos con qué candidato o partido político tiene soluciones reales a los problemas que afligen a nuestra sociedad.

Cuando nuestra nación ha luchado con graves crisis económicas, ¿a quién hemos acudido esperando que resolviera nuestros problemas? Cuando los cuidados sanitarios y la educación han sentido la mordedura de una economía apretada, ¿dónde hemos buscado respuestas? Cuando las preocupaciones medioambientales han tomado el escenario central en la conciencia nacional, ¿a quién buscamos para que lo arregle? Al gobierno. Y, a su señal, nuestros oficiales públicos rápidamente nos han prometido cada vez más, asegurándonos que el gobierno será nuestro protector y cuidador desde la cuna hasta la tumba.

Quizá la parte más triste de todo este retrato sea que, en la actualidad, incluso el pueblo de Dios no reconoce el gran peligro espiritual de mirar a entidades en lugar de mirar al Señor para buscar salvación y seguridad. Ahora bien, créame, no estoy promocionando la abolición de la cobertura de seguros. Creo que los médicos y expertos en medicina ofrecen un servicio importante a nuestras comunidades, y sería el último en criticar los muchos programas sociales, tanto privados como patrocinados por el gobierno, que han ayudado a individuos, familias y comunidades a sobrevivir y a prosperar.

Sin embargo, nuestra insistencia en la seguridad absoluta nos ha hecho convertirnos en un pueblo que se ha acostumbrado a confiar en todo menos en Dios. Confiamos en nuestro Padre celestial solo con nuestra boca, haciendo oraciones vagas y generalizadas para recibir su bendición y protección en momentos de dificultades, y se nos ha condicionado a confiar en el hombre y no en Dios. Hemos hecho de Dios una opción, no nuestra fuente absoluta.

> Siempre hay incertidumbres por delante, pero siempre hay una certeza: la voluntad de Dios es buena.
>
> —Vernon Paterson

La Biblia es clara en que Dios nos anhela celosamente, y no compartirá nuestro amor y devoción con nadie más.

Sin embargo, tenga por seguro que si es usted hijo de Dios, Él no aceptará un segundo lugar en su vida. La Biblia es clara en que Dios nos anhela celosamente, y no compartirá nuestro amor y devoción con nadie más. Eso no significa que Él sea intolerante o de mente estrecha. Lejos de ello; su carácter está definido por la misericordia y la compasión. Pero como nos creó para sí mismo, y como el enemigo de nuestra alma, el diablo, trabaja sin descanso para destruir nuestra intimidad con Él, hay una decisión que cada uno de nosotros debe tomar, y es una decisión que determinará el resultado de nuestra fe en este mundo.

Así es como lo dijo el apóstol Santiago:

> *¡Adúlteros! ¿No se dan cuenta de que la amistad con el mundo los convierte en enemigos de Dios? Lo repito: si alguien quiere ser amigo del mundo, se hace enemigo de Dios. ¿Qué creen ustedes que quieren decir las Escrituras cuando afirman que el espíritu que Dios ha puesto dentro de nosotros está lleno de envidia?*
>
> (Santiago 4:4–5, NTV)

Este breve pasaje describe perfectamente el aprieto en que muchos hijos de Dios bien intencionados se encuentran hoy día. Aunque desean profundamente confiar en Dios, los afanes de este mundo combaten contra su fe; pero hay buenas noticias que podemos recibir. Santiago siguió diciendo que Dios *"nos da aún más gracia"* (versículo 6, NTV) para resistir el arrastre de este mundo y confiar en Él. Él no nos puso en este loco mundo, nos pidió que confiásemos en Él y después se apartó a esperar nuestro fracaso. Mediante el poder de su Espíritu Santo, nos fortalece para estar firmes en su Palabra inmutable y sólida.

El pueblo de Israel en el Antiguo Testamento ofrece un claro ejemplo de las trágicas consecuencias producidas cuando el pueblo de Dios rehusó confiar en Él. Toda la historia de Israel demuestra la fidelidad de Dios hacia ellos, a pesar de su repetido rechazo a creerle. A pesar del amor de Dios hacia ellos, de su liberación, protección y provisión para ellos en sus momentos de mayor necesidad, una y otra vez la rechazaron y, en cambio, escogieron soluciones temporales y defectuosas. ¡Y pagaron un precio altísimo!

La falta de una fe sencilla les llevó a la esclavitud a medida que se hicieron cada vez más como las otras naciones y pueblos que había a su alrededor en lugar de convertirse en el pueblo santo y especial que Dios quería que fuesen. Finalmente, perdieron su herencia y pasaron muchos años en el exilio antes de que Dios, en su fidelidad, les llevara de nuevo a su tierra.

Trágicamente, creo que este patrón retrata a muchos hijos de Dios actualmente, personas que están mirando a su alrededor para obtener esperanza y seguridad en lugar de mirar al Dios que les ha salvado y ha prometido abundante provisión para todas sus necesidades. En su misericordia, creo que Dios está en el proceso de quitar muchas de las cosas en las que hemos confiado en el pasado: dinero, carreras, hogares, posesiones, posiciones y estima del mundo. En su misericordia y compasión, está mostrando que aunque Él quiere bendecir a su pueblo y suplir abundantemente sus necesidades, esas bendiciones nunca pueden ocupar el lugar de amarle y confiar del todo en Él. El no permitirá que su pueblo convierta sus bendiciones en ídolos.

> La fe es una confianza razonada, una confianza que descansa concienzuda y confiadamente en la fidelidad de Dios.
> —John R. W. Stott

La inmutable ley de la fe de Dios

La confirmación personal de Dios para usted de su protección y provisión es tan inmutable como las leyes que Él estableció para gobernar su creación. Si logra afianzar esta verdad dentro de su espíritu, cambiará su vida drásticamente. El Rey David dominaba este secreto, y creo que fue la clave de su éxito, así como una de las razones por las que se le consideró un hombre conforme al corazón de Dios. Como lo expresa el Salmo 119:

> *Para siempre, oh Jehová, permanece tu palabra en los cielos. De generación en generación es tu fidelidad; Tú afirmaste la tierra, y subsiste. Por tu ordenación subsisten todas las cosas hasta hoy.* (Salmo 119:89–91)

En otras palabras, cuando Dios habla, queda dicho. Su Palabra es eterna y poderosa para lograr su voluntad. Vemos esto en el primer capítulo de Génesis, cuando Dios creó todas las cosas por su palabra. Las palabras mismas de su boca son suficientes para crear.

Después, cuando el pecado distorsionó su creación y llevó al hombre a la maldición de la maldad, leemos cómo Dios destruyó la tierra con un gran diluvio, Pero, incluso entonces, la Palabra de Dios fue creativa y poderosa, y prometió a Noé y sus descendientes que nunca más volvería a maldecir la tierra o a destruir a todo ser viviente (véase Génesis 8:21). Con esa promesa, hizo una declaración de pacto, una ley que ha permanecido a lo largo de los siglos:

> *Mientras la tierra permanezca, no cesarán la sementera y la siega, el frío y el calor, el verano y el invierno, y el día y la noche.* (Génesis 8:22)

Aunque hemos visto sequías, inundaciones, calores abrasadores, fríos mortales y otros desastres naturales por todo el mundo, ¿puede pensar en una sola ocasión en que toda la tierra haya estado en peligro de ser destruida? Claro que no, porque Dios es siempre fiel a su Palabra. Es la ley que gobierna el universo, y es inmutable.

Bendiciones o maldiciones: la decisión es suya

La Palabra de Dios, que establece su fidelidad con usted y le capacita para recibir fe en Él, es siempre la misma. Como declaró Dios:

> *No olvidaré mi pacto, ni mudaré lo que ha salido de mis labios.* (Salmo 89:34)

La totalidad de la Palabra de Dios establece su pacto de compasión y bondad con usted y conmigo. Comenzando desde la liberación de su pueblo Israel, y culminando con el ofrecimiento de salvación para todo ser humano mediante el sacrificio de su Hijo, Dios ha establecido una ley inmutable que asegura que todo aquel que le ame y le obedezca será beneficiario de su compasión, bondad, amor y provisión.

Como contraste, quienes rechacen su ofrecimiento de compasión y bondad, o comprometan su fe con los caminos del mundo, se enfrentarán a lo que la Biblia llama una "maldición". Aunque es una palabra que suena fuerte, una maldición no es nada más que lo opuesto a la bendición y abundancia de Dios, y quienes deciden vivir por debajo de una fe total en Dios ya están atrapados en una vida que está maldita.

¿Reconoce que usted o su familia están cargados de deuda, pobreza, depresión, duda, enfermedad, confusión o caos? ¿Se siente como si estuviera viviendo constantemente por debajo de su potencial, tan solo sobreviviendo y sin experimentar nunca el gozo, paz y abundancia que deberían ser suyos como hijo de Dios?

Vivir bajo la maldición de la carencia o empapado en la abundancia y bendición de Dios es una decisión que puede tomar como hijo de Dios. Lea lo que dice Dios acerca de quienes ponen su confianza en sus propios esfuerzos, o los esfuerzos de otros, en vez de en Dios:

> *Malditos son los que ponen su confianza en simples seres humanos, que se apoyan en la fuerza humana y apartan el corazón del Señor. Son como los arbustos raquíticos del desierto, sin esperanza para el futuro. Vivirán en lugares desolados, en tierra despoblada y salada.* (Jeremías 17:5–6, NTV)

Ahora, lea lo que dice Dios acerca de quienes ponen su confianza en Él. La diferencia es como la noche y el día.

> *Pero benditos son los que confían en el Señor y han hecho que el Señor sea su esperanza y confianza. Son como árboles plantados junto a la ribera de un río con raíces que se hunden en las aguas. A esos árboles no les afecta el calor ni temen los largos meses de sequía. Sus hojas están siempre verdes y nunca dejan de producir fruto.* (Jeremías 17:7–8, NTV)

La promesa de Dios para usted

Cualquiera que sea su circunstancia en este momento, el deseo de Dios es bendecirle. Por eso Él le creó: para hacerle bien, para dar propósito a su vida y para llevarle a un lugar de paz y comunión con Él donde el enemigo no pueda tocarle con sus tácticas destructivas.

Cualquiera que sea su circunstancia en este momento, el deseo de Dios es bendecirle.

Permítame compartir el testimonio de una mujer de mi congregación que afrontó pruebas y desesperación con una actitud de fe y victoria. Como verá, su historia es aún una obra en progreso, pero es alentador ver a alguien que persevera fielmente, incluso cuando todas las probabilidades estaban en su contra.

Por muchos años, trabajé para Waste Management Corporation. Comencé a trabajar como contable y me ascendieron a Directora asistente, y finalmente llegue a la posición de Directora, la posición financiera más alta de la compañía fuera de la oficina corporativa. No fui solo su primera mujer Directora, sino también una de las pocas mujeres de color en un entorno predominantemente de hombres blancos. Mis ascensos no fueron fáciles. Muchas veces no me propusieron. Varias veces tuve que amenazar con irme para que me pagaran lo que me correspondía. Incluso con mi último ascenso, me pagaban un salario insatisfactorio para mi posición. Después, tras la devastación del huracán Irene en 2006, me pidieron que dirigiera las dos plantas más grandes de la compañía. Eso conllevaba dirigir y entrenar dos equipos de oficinas, coordinar dos equipos de gerencia, cerrar los libros mensuales y terminar los informes económicos de ambos edificios. Durante ese tiempo, varios directores recibieron buenas bonificaciones por tareas extra. Sin embargo, mi bonificación no reflejó ninguno de los ajustes que me obligaron a realizar. En ese tiempo, decidí dimitir y seguir un sueño que tenía de crear mi propia empresa con un antiguo colega como socio.

Como me crié como musulmana, mi nuevo caminar en Cristo me estaba enseñando mucho acerca de la obediencia, la oración, la fe, el diezmo y el favor. Sé que estos principios me guiaron durante mi posición en WM. Mi sueldo tenía una cifra de seis números cuando me fui. Además del diezmo, podía dar ofrendas a la iglesia cada año por mis bonificaciones anuales, así como ayudar a los que tenían necesidades económicas. Dios fue muy bueno conmigo.

Invertí mis últimos dos cheques de WM en la nueva empresa. Mi socio invirtió lo que recaudó con la venta de su casa. Sé que el favor de Dios estaba conmigo porque no tenía experiencia en contabilidad e impuestos de pequeñas empresas, al haber pasado toda mi carrera en la contabilidad de una gran corporación. Mis dos hijos estaban en la universidad con becas académicas, así que tenía muy pocas preocupaciones. Con un poco de trabajo duro y la gracia de Dios, podría adquirir los conocimientos necesarios y asimilar lo que tenía que aprender.

En cualquier empresa hay momentos buenos y malos. Los beneficios que obtuvimos principalmente iban a cubrir los gastos de la empresa y las facturas de la casa de mi socio. Él estaba casado y tenía tres niños pequeños. Finalmente, mi crédito comenzó a sufrir por las facturas impagadas. Pronto nos retrasamos en el pago de la deuda de la empresa, la cual habíamos obtenido a mi nombre. Antes de esta aventura empresarial, mi crédito había sido muy bueno y mis obligaciones mensuales siempre se pagaban a tiempo, así que esa no era una buena experiencia para mí.

Tras intentar sacar la empresa a flote durante dos años, me di cuenta de que no había entradas suficientes para mantener ambas casas. Yo estaba atrasada en mi hipoteca, el pago de mi automóvil, mis tarjetas de crédito y mi préstamo de estudios. ¿Quién en su sano juicio hubiera soportado esta lucha durante tanto tiempo sin sueldo para cubrir las necesidades básicas? Alguien con una fe loca para creer que en medio de toda esa penuria, saldría algo bueno. Me mantuve enfocada, creyendo que Dios proveería. Rehusé quedarme en mis problemas. Dormía por la noche sabiendo que Dios me ayudaría en medio de todo eso, ¡lo cual hizo! Siempre que necesitaba dinero, estaba ahí para cubrir mis necesidades en el momento preciso. Creo firmemente que por dar ofrendas sin una mala actitud, Dios me sostuvo durante mis tiempos de hambruna.

Después de orar y buscar ayuda espiritual, recibí un mensaje del Espíritu Santo de que necesitaba comenzar mi propia empresa. Mi socio y su familia no entendieron la brusquedad de mi decisión, pero sabía que tenía que obedecer a Dios porque Él nunca me defraudaría.

Dos años después, tengo un trabajo en la Universidad de Fort Lauderdale y más de doscientos clientes financieros. Mi hijo mayor está cursando su primer año de medicina en la Universidad Johns Hopkins y mi hijo menor está empezando la carrera de ingeniero en computación. Sin embargo, mi casa ha estado en ejecución hipotecaria desde marzo de 2011 y estoy rentando un automóvil porque el mío tenía muchos problemas mecánicos. Creo que Dios me va a dar un auto sin deuda. Estoy ofreciendo mi tiempo como voluntaria en la iglesia, diezmando y devolviendo lo que puedo porque sé que puedo salir de una montaña de deuda.

Uno de mis sueños ha sido ayudar a gente, pero nunca tuve los recursos económicos para situarme en una posición en la que poder competir por esos clientes extra y recursos económicos. Recientemente, contacté con una franquicia de impuestos, y después de darle muchas vueltas, he decidido trabajar para ellos. Me están financiando durante cuatro años además de los costes de apertura. Me han dado un nuevo territorio para representar. No tengo un edificio físico, muebles ni equipamiento; sin embargo, mi oficina está programada para abrirse en enero de 2012.

Ahora mismo estoy en el séptimo cielo porque siento que verdaderamente he dado la vuelta a la esquina. Sé que el Señor seguirá proveyendo para todas mis necesidades conforme a todas sus riquezas y gloria. A Él sea toda la gloria. Sé que todo saldrá bien. Estoy muy agradecida por mi iglesia y cómo oran por mí, por mi contrato, la modificación de mi préstamo, mi economía, mis hijos y mis compañeros de trabajo porque sé que todos estamos destinados para grandes cosas.

Si usted se encuentra viviendo en circunstancias que le amenazan con desesperación y le roban su esperanza, permítame ofrecerle algunas palabras de ánimo. Puede girar ahora a la derecha y comenzar a andar en un nuevo día lleno de la gloria y la abundancia de Dios. Comienza al ponerse de acuerdo con la Palabra de Dios. No hay nada que al enemigo de su vida le gustaría más que el que usted se ponga de acuerdo con sus mentiras: que está destinado a una vida de desesperación, carencia y angustia. Con demasiada frecuencia, los cristianos miran a sus circunstancias y escuchan las mentiras del diablo, quien les dice que lo único que pueden recibir son las sobras de la bondad de Dios, ¡o algo peor!

Pero eso no es lo que dice la Palabra de Dios. Para usted, dice algo muy distinto, y tiene el derecho, y la autoridad en el nombre de Jesús, de hablar en consonancia con la Palabra de Dios sobre cada área de su vida. Usted fue creado para bendiciones, no maldiciones.

La bendición de Jehová es la que enriquece, y no añade tristeza con ella. (Proverbios 10:22)

Ponerse de acuerdo con la Palabra de Dios es la esencia de la fe.

Las palabras de bendición que Dios habla sobre su vida y sobre las vidas de sus familiares son ley en su vida, una ley que solo usted tiene la autoridad de hacer cumplir. Esa aplicación de la ley se llama *fe*. Ponerse de acuerdo con la Palabra de Dios es la esencia de la fe. Cuando usted oye, cree y habla la Palabra de Dios sobre su vida, la fe surge por el poder de su Espíritu Santo, quien vive dentro de usted.

Las Escrituras asemejan la Palabra de Dios a la lluvia que Él envía desde el cielo para regar y nutrir las cosechas que el sembrador siembra en la tierra. Dios envía la lluvia con un propósito: hacer que las cosechas germinen, salgan de la tierra, crezcan y finalmente den una cosecha abundante que alimente al sembrador, a su familia y a otras personas.

El mismo crecimiento y abundancia son lo que Dios dice que usted puede esperar de su Palabra:

> *Así será mi palabra que sale de mi boca; no volverá a mí vacía, sino que hará lo que yo quiero, y será prosperada en aquello para que la envié.* (Isaías 55:11)

Esa promesa debería llenarle de una gran alegría y esperanza, porque la Palabra de Dios abunda con las cosas buenas que Él tiene para usted. Él declara que a medida que usted confía en Él y en su Palabra en su vida, avanzará con gran gozo y paz, y el camino que tenga por delante testificará con el mismo gozo de las cosas buenas que Dios ha planeado para usted.

En lugar de una maldición de esterilidad y carencia en su vida, Dios ha prometido que la Palabra que Él declara sobre usted provocará que florezca una bendición.

> *En lugar de la zarza crecerá ciprés, y en lugar de la ortiga crecerá arrayán; y será a Jehová por nombre, por señal eterna que nunca será raída.* (Isaías 55:13)

¿Está listo para recibir más bendición de la que pueda contener? En lugar de la zarza y los espinos que quizá haya experimentado en el pasado, puede esperar una cosecha refrescante de abundancia directamente de la mano de Dios. Todos a su alrededor serán testigos de la bondad de Dios en su vida y lo verán como un testimonio de lo que Él hará por ellos si confían en Él como usted ha aprendido a hacer. Su fe en Dios, demostrada ante su familia, amigos y vecinos, será un imán para atraer a otros a una fe y relación con el Padre. ¿Y qué mejor bendición se le ocurre que la de ser una persona que atrae a otros hacia el destino para el que Dios les ha creado?

Capítulo 6

¡No tema!

Probablemente recuerde dónde estaba, qué hacía y cuál fue su reacción más inmediata cuando escuchó la noticia. Es muy probable que estuviera viendo el reportaje televisivo poco después de que el terrible drama comenzara a suceder.

Un avión comercial enorme acababa de chocarse contra la torre Norte del World Trade Center en la ciudad de Nueva York. Unos minutos después, millones de personas en todo el mundo verían atónitos y con horror cómo un segundo avión chocaba contra la torre Sur. Unos minutos después, escuchamos que un tercer avión, lleno de pasajeros, se había estrellado contra el Pentágono en Washington D.C., y otro había caído en un campo agrícola en Pennsylvania, matando a todos sus ocupantes. Finalmente, descubrimos que lo que habíamos visto en la mañana del 11 de septiembre de 2001 había sido un ataque terrorista bien preparado contra nuestra nación, un asalto que acabó con las vidas de casi tres mil personas.

En los días y semanas sucesivas a esta tragedia nacional, casi todos los ciudadanos estadounidenses sintieron un inequívoco sentimiento de vulnerabilidad al darse cuenta de que un pequeño grupo de individuos, con malas intenciones en su mente y su corazón, había conseguido burlar los mecanismos de seguridad de la nación más poderosa de la tierra; apropiarse, con aparente facilidad, de cuatro aviones comerciales; y golpear con éxito el corazón económico de nuestra mayor ciudad y de nuestro mayor centro de mandos militar.

En el período que siguió al asalto, muchos comenzaron a hacerse perspicaces preguntas acerca de la seguridad de nuestras ciudades, así como la de nuestras propias casas y familias. Si ese tipo de ataque se pudo planear y llevar a cabo, a pesar de lo que nos habían asegurado que era una constante vigilancia de seguridad, ¿no podría llevar a cabo un ataque similar o peor cualquiera de los muchos grupos bien entrenados y aprovisionados cuyo mayor deseo es ver la destrucción de América? Si nuestras fronteras y nuestra seguridad tenían tantos poros, ¿no podría alguien atacarnos con un arma infinitamente peor y miles de veces más mortal que un avión secuestrado? La imaginación de muchos estadounidenses se llenó de temor y ansiedad por las posibilidades.

Por fortuna, hasta el momento actual, en los años sucesivos a los ataques del 11 de septiembre, los Estados Unidos no ha sufrido ningún asalto de la magnitud que tuvo aquella fatal mañana de verano en 2001. Recientemente, nuestro gobierno finalmente pudo matar al cerebro detrás de los ataques y, sin embargo, ese evento terrible nos cambió. Pareció abrir sutilmente la puerta a un espíritu de ansiedad y opresión que ha seguido cazando a muchos a lo largo y ancho de nuestra nación.

Lo único a lo que debemos temer es al temor mismo.
—El Presidente Franklin Delano Roosevelt

Una transformación sutil

Desde su nacimiento, nuestra nación se ha enorgullecido en estar firme como una roca ante los peligros y pruebas nacionales. Desde nuestro revolucionario nacimiento a finales del siglo XVIII y a lo largo de los trágicos años en los que el Norte luchó contra el Sur en la Guerra Civil, los líderes y ciudadanos americanos se unieron, sacrificando sangre y lágrimas, vida y muerte, para asegurar que nuestra joven nación permaneciera fuerte. Desde la Primera Guerra Mundial hasta el gran sacrificio personal y nacional de "la mayor generación" de la Segunda Guerra Mundial, fuimos un país definido por el coraje bajo el fuego. Incluso en medio de la controversia y agitación que muchos experimentamos durante los años del conflicto de Vietnam, los estadounidenses pasaron el desafío luchando, muriendo y dando lo mejor bajo circunstancias extremas. En medio de todo eso, el valor era el denominador común.

De forma similar, cuando el desastre económico conocido como la Gran Depresión sacudió nuestra nación en la década de 1930, los estadounidenses pasaron por una prueba económica, junto con las frías miradas de la pobreza y el hambre, con una gran resolución y valor, creyendo las palabras del Presidente Franklin Delano Roosevelt de que lo único que debíamos temer era al temor mismo. Con una ayuda limitada de los programas del gobierno y centros privados de caridad, las familias trabajaron, sufrieron, oraron y creyeron juntas. A su tiempo, con fuerza de voluntad, resolución, fe en Dios y cooperación de los unos con los otros, nuestra nación se levantó por encima de las pruebas y el dolor de la Gran Depresión y entró en una era de prosperidad y crecimiento que finalmente vio a los Estados Unidos convertirse en el líder económico y social del mundo.

Empresas, industria, educación, medicina, vivienda, programas sociales y todos los demás ámbitos de nuestra sociedad crecieron hasta lo más alto. Como nación, nos convertimos en la cabeza, el líder y los que marcaban tendencias para el resto del mundo. Personas de todo el mundo, de todos los trasfondos imaginables, soñaban con llegar a los Estados Unidos para comenzar una nueva vida que les daría libertades personales desconocidas en sus países nativos, junto con oportunidades sin precedentes de construir un futuro seguro para ellos y sus familias.

El peligro de la autosatisfacción

Con todas las oportunidades, éxito, prosperidad y abundancia con las que fuimos bendecidos, creo que comenzó a abrirse camino un cambio en la estructura moral y el carácter de América, un cambio que comenzó a erosionar sutilmente nuestro valor y resolución para permanecer juntos como un pueblo unido. Un cambio que hizo que la mayoría de estadounidenses estuvieran menos dispuestos a sacrificarse por los demás y les hizo reticentes a arriesgarse al peligro, la incertidumbre y la pérdida de sus cómodos estilos de vida y riqueza.

En pocas palabras, comenzamos a "engordar y saciarnos" con nuestro estilo de vida de calma y abundancia, un estilo de vida pagado por el duro trabajo y sacrificio de generaciones previas de estadounidenses.

Una gran parte de esa transformación se produjo, creo yo, como resultado de una decisión que muchos americanos tomaron de poner su fe en Dios en un segundo lugar tras la búsqueda de riquezas, éxito, tranquilidad y lujo. Con esta decisión se supuso que nuestra sabiduría terrenal era lo único que necesitábamos para resolver cualquier problema que pudiéramos tener, así como para mantenernos ricos y satisfechos. En lugar de asegurarnos de mantenernos humildes y agradecidos a Dios por todas las bendiciones que disfrutábamos, demasiadas personas pasamos nuestro tiempo trabajando, planeando, edificando y expandiendo nuestros propios pequeños reinos, olvidando por completo nuestra ciudadanía en el reino eterno de Dios. Demasiadas personas nos volvimos como la iglesia de Laodicea, de la que el apóstol Juan escribió en el libro de Apocalipsis: un grupo de creyentes que estaban tan autosatisfechos con su prosperidad y abundancia que su actitud se volvió arrogante: *"Soy rico, tengo todo lo que quiero, ¡no necesito nada!"* (Apocalipsis 3:17, NTV).

Dios deja claro en su Palabra que la justicia, el deseo y la inclinación a alinearse con lo que Él dice que es recto, verdadero y bueno, mantendrá a una nación fuerte y vibrante.

En lugar de escoger ser "Una nación bajo Dios", adoptamos una actitud de autosatisfacción y arrogancia que expuso a América a los peligros de los que, en el pasado, nuestra humildad y fe en Dios nos habrían protegido. Dios deja claro en su Palabra que la justicia, el deseo y la inclinación a alinearse con lo que Él dice que es recto, verdadero y bueno, mantendrá a una nación fuerte y vibrante, mientras que el orgullo y la autoconfianza abren la puerta a otras actitudes y acciones pecaminosas y egoístas.

La justicia engrandece a la nación; mas el pecado es afrenta de las naciones. (Proverbios 14:34)

Al comienzo del nuevo milenio, a medida que los Estados Unidos continuó en una actitud de confianza arrogante en su capacidad de trazar su propio curso mientras miraba a Dios cada vez menos, creo que nuestra nación empezó a ser cada vez más vulnerable al tipo de ataques que sufrimos el 11 de septiembre de 2001. Nuestros pensamientos estaban en nosotros mismos, nuestra prosperidad, nuestro futuro y nuestro éxito. Pocas personas, incluso dentro de la comunidad cristiana, expresaron preocupación alguna de que confiar en cualquier cosa que no sea el Dios todopoderoso podría ser considerado presuntuoso.

> El que teme ser conquistado asegura la derrota.
>
> —Napoleón Bonaparte

Un enemigo llamado temor

El período que siguió al ataque del 11 de septiembre sobre nuestra nación desembocó en una oleada de temor que pareció inundar la mente de muchos ciudadanos estadounidenses. La intensa ansiedad que algunos individuos sintieron por la posibilidad de más ataques terroristas devastadores se transformó en una tenaza global de temor. Casi de un día para otro, la economía comenzó a hundirse a medida que a fabricantes y empresarios les costaba mantenerse en un mercado donde cada vez menos personas compraban sus bienes y servicios. Como el gobierno implantó masiva restricciones de seguridad en los vuelos, el transporte se vio gravemente obstaculizado para miles de empresarios, y cientos de miles de personas se quedaron sin sus trabajos o fueron obligados a aceptar recortes. El temor al futuro provocó que la economía de los Estados Unidos se frenara drásticamente.

El temor a posibles ataques nucleares o bioterrorismo en nuestros distritos de compras, escuelas y otros lugares públicos mantuvo a muchos estadounidenses al límite. En los años siguientes, recuperamos gradualmente un mínimo de confianza cuando nuestros líderes públicos lanzaron una agresiva "guerra contra el terror" en el extranjero. Pero con las noticias a finales de 2008 de que muchas de nuestras instituciones financieras más prestigiosas, junto con varios de nuestros principales fabricantes, o bien eran insolventes o estaban al borde de la bancarrota por la corrupción y la mala administración, los Estados Unidos entró en su peor descenso económico desde las profundidades de la Gran Depresión.

Mientras escribo esto, nuestros líderes gubernamentales están aún luchando para establecer rectamente el barco de las listas económicas de nuestra nación, incluso asegurándonos que estamos a punto de llegar a días mejores. Sin embargo, cuando se avecina la incertidumbre, millones de estadounidenses se ven atrapados por el creciente temor a que las cosas empeorarán en nuestra tierra en lugar de mejorar.

Aunque nuestros dirigentes públicos quisieran creer que tienen controlados los desafíos que plagan nuestra nación (y el mundo entero), en realidad la única solución que han incorporado hasta ahora es arrojar miles de millones de dólares al problema, mientras que los partidos políticos apuntan y discuten qué otros cursos de acción son necesarios. En mayo de 2011, el déficit presupuestario de nuestra nación para los primeros cinco meses del año estaba en 830 mil millones de dólares, mientras que nuestra deuda nacional es más que asombrosa al llegar a los catorce billones de dólares.

A medida que Europa ha experimentado un descenso económico similar, turbas de manifestantes y saqueos han tomado las calles como protesta por las medidas de austeridad económica necesarias para mantener a los gobiernos económicamente a flote, avivando el temor a que, a medida que las estructuras sociales que una vez proveyeron guía y apoyo, como escuelas e iglesias, están infradotadas y en declive, nuestro propio país pronto podría experimentar el mismo tipo de violencia y anarquía en sus calles.

El único antídoto: un regreso a una fe sólida

El vasto despliegue de problemas económicos, políticos y sociales que afronta nuestra nación, y el mundo entero, son más grandes y graves de lo que cualquiera de nosotros puede manejar individualmente o como comunidades. Las soluciones en las que hemos confiado en el pasado, como gobierno, dinero, ingenuidad y educación, no son suficientes para salvarnos. Al final, solo nos queda una opción: debemos regresar a una fe sólida en Dios.

Para aquellos individuos que han puesto su confianza en Dios mediante Jesucristo, estas son buenas noticias, sin duda, porque Él ha dejado claro en toda su Palabra que Él nunca abandonará a quienes le conocen y le aman. Las Escrituras están llenas de promesas de protección y provisión para los que son de Dios, a pesar de la agitación que se arremoline alrededor de ellos.

Sin embargo, lo que me preocupa es que tantos cristianos hoy parezcan haber perdido de vista esta seguridad divina y hayan adoptado la misma mentalidad de temor que gobierna al resto del mundo. Al igual que el resto del mundo, muchos creyentes parecen estar buscando respuestas y soluciones temporales, cuando deberían ser quienes ocuparan su lugar y gritaran valientemente a sus familias, amigos y vecinos: "¡No teman! Entreguen su vida a Jesús; pongan su confianza en Él, y Él cuidará de ustedes. Él lo ha prometido, y no puede fallar".

¡Empieza por usted!

Está claro que a lo largo de nuestra nación, en nuestras comunidades, vecindarios y familias, el regreso a la fe firme que siempre ha definido la grandeza de América debe comenzar con los que se llaman cristianos. Debemos abrir camino, porque si no lo hacemos nosotros, ¿quién lo hará? En los días venideros, a medida que empeore la crisis en nuestra nación y en el mundo, debe haber un ejército de creyentes que se pongan en pie con valentía y con la plena certeza de que la fidelidad de Dios llevará a otros del temor a la fe. En otras palabras, el pueblo de Dios debe comenzar a aceptar su herencia de fe y levantarse contra el temor en todas sus formas.

El temor es una de las principales herramientas del enemigo para apartar al pueblo de Dios de una fe firme. La Biblia nos dice que el diablo recorre la tierra, buscando constantemente a quien destruir (véase

1 Pedro 5:8). ¿Quiénes cree que son las personas a las que Satanás le cuesta menos atacar? Los que no han sido vigilantes a la hora de edificar una fe sólida como una roca en Dios. La Biblia asemeja a estos individuos con alguien que construye una casa sobre la arena (véase Mateo 7:24–27). Cuando descienden la lluvia y las tormentas, esa casa se cae porque su fundamento es débil. De igual forma, aquellos cuya fe no está cimentada en la verdad inmutable de la Palabra de Dios están abocados a la caída cuando la tormenta se recrudece.

Por el contrario, aquellos cuya fe está cimentada en la Palabra inmutable de Dios, aquellos que se niegan a soltarse de la verdad en los momentos difíciles, son como las personas que edifican una casa sobre la roca. Cuando llega la tormenta, la casa permanece firme porque su cimiento es inconmovible. De igual forma, aquellos que edifican sus vidas sobre la fidelidad de Dios permanecerán firmes en medio de cualquier tormenta que la vida pueda producir.

Su confesión de fe en Cristo debe estar basada en algo sólido porque, no se equivoque, el enemigo va a desafiarla constantemente. En el libro de Apocalipsis, el apóstol Juan llamó a Satanás *"el acusador de nuestros hermanos, el que los acusaba delante de nuestro Dios día y noche"* (Apocalipsis 12:10). Yo no sé usted, pero no hay de manera de poder permanecer ante ese tipo de ataque espiritual, ataques del enemigo de día y de noche, sin un fundamento sólido.

Su confesión de fe en Cristo debe estar basada en algo sólido porque, no se equivoque, el enemigo va a desafiarla constantemente.

Después, Juan nos dijo cómo defendernos. Nuestra defensa tiene dos partes:

> *Y ellos le han vencido por medio de la sangre del Cordero y de la palabra del testimonio de ellos, y menospreciaron sus vidas hasta la muerte.* (Apocalipsis 12:11)

1. La sangre del Cordero

Estar establecido en su propia mente y corazón sobre el poder total y absoluto de la sangre derramada de Jesucristo para limpiarle de su pecado le da derecho a ser hijo de Dios, sana todas sus enfermedades, le protege de cualquier peligro y provee para todas sus necesidades: cuerpo, alma y espíritu.

2. La palabra de nuestro testimonio

Tener la Palabra de Dios en su corazón y en sus labios es una respuesta preparada para los ataques que el enemigo lanzará contra usted.

Contrariamente a lo que muchos creyentes piensan, los tiempos de pruebas y dificultades en la vida, así como los ataques del enemigo, no cesarán mientras usted tenga aliento. Por eso es crucial que cada creyente tenga un fundamento de fe que no pueda ser conmovido, independientemente de las circunstancias o las consecuencias.

Un testimonio personal

En 1999, la iglesia que pastoreo, The Faith Center [Centro de Fe], tenía una deuda de un millón de dólares. Me apasionaba la misión de nuestra iglesia: llevar el evangelio de Jesucristo por todo el mundo. La escuela que habíamos establecido, la Universidad de Fort Lauderdale, tenía solo cinco años de existencia y demandaba muchos recursos económicos. Por mucho que lo intentamos, simplemente no podíamos mantener nuestro presupuesto. Nuestras aportaciones disminuyeron, y nos vimos obligados a recortar el presupuesto, lo cual produjo que las aportaciones volvieran a bajar. Finalmente, no pudimos bajar más el presupuesto. Créame, hice todo lo que se me ocurrió para arreglar el problema, pero parecía que nada funcionaba. Un día, alcé mis manos al viento y me dije: *¿Por qué no intentas lo que te ha funcionado a ti durante todos estos años: la oración?*

Por supuesto, la oración es lo que cambió todo. La economía de Faith Center y el futuro de las muchas familias que asistían fueron transformados cuando nos dedicamos a buscar a Dios y creer que Él tendría la respuesta. Nuestra fe subió a un nuevo nivel.

Si el enemigo puede hacer que usted tema, puede traer distracciones a su vida que le harán pensar que su situación no puede cambiar. Tras comenzar a buscar a Dios en lugar de estar distraídos por los problemas, las cosas comenzaron a cambiar de forma milagrosa. Dios nos capacitó para poder pagar toda la deuda en el plazo de un año sin pedir prestado más dinero. Los miembros que apoyaban nuestra visión dieron voluntariamente en base a su amor por Dios y su deseo de ver cumplirse la obra de Él.

Reconocer la actividad del enemigo

A medida que los problemas económicos y otros desafíos se han vuelto más comunes en la vida de individuos y familias, está claro que las presiones crecen sobre los hijos de Dios. Sin embargo, Él nos llama a un caminar en el que nos aferremos a nuestra confesión de su señorío en cada aspecto de nuestra vida. Como yo, es probable que a usted le resulte fácil confiar en Dios cuando las cosas van bien, cuando puede ver claramente el camino que tiene por delante. Esos son momentos en los que usted declara con suprema confianza: "Estoy bendecido, el Señor me ha favorecido mucho. Soy la justicia de Dios y la simiente de Abraham. Dios, gracias por tu provisión y abundancia".

El día a día del caminar de fe en Dios requerirá que usted siga un verdadero estilo de vida de fe, un estilo de vida que permanecerá contra las circunstancias más difíciles que pueda experimentar.

Pero cuando las presiones económicas y otros problemas crecen, y no hay respuestas en lo natural, permanecer firme en la verdad requiere algo más que recitar declaraciones de fe. Solo porque pueda hacer una confesión de fe hoy no significa que estará firme por esa declaración mañana. Deber entender que el día a día del caminar de fe en Dios requerirá que usted siga un verdadero estilo de vida de fe, un estilo de vida que permanecerá contra las circunstancias más difíciles que pueda experimentar.

Es crucial reconocer que el enemigo de su alma trabaja horas extra para aportar distracciones que, si usted las permite, negarán la obra eficaz de la Palabra de Dios en su vida. Satanás sabe que no puede destruir la Palabra de Dios. Sabe que permanecerá para siempre. (Véase, por ejemplo, Isaías 40:8; 1 Pedro 1:24–25). Recuerde: Satanás es el padre de toda mentira y un maestro engañador, y por esa razón usted no puede vencerle con sus propias fuerzas. Su especialidad es poner obstáculos en su camino que puedan desviarle para que no crea, confiese y reciba todo lo que Dios tiene para usted. Ese es su "trabajo", y usted no debería sorprenderse cuando eso ocurra.

> *Amados, no os sorprendáis del fuego de prueba que os ha sobrevenido, como si alguna cosa extraña os aconteciese.*
>
> (1 Pedro 4:12)

Si estamos constantemente en guardia y permanecemos vigilantes espiritualmente, estaremos preparados para responder al "acusador". Cada día, de formas distintas, vamos a enfrentarnos a pruebas y dificultades, algunas de las cuales pueden probar los límites mismos de nuestra fe. Hasta ahora, en América, la mayoría de nosotros hemos sido protegidos de los tipos de pruebas que los creyentes en otras partes del mundo han sufrido. Nuestros trabajos y salarios han estado relativamente asegurados, por lo general hemos podido pagar nuestras facturas con relativa tranquilidad, hemos tenido las necesidades de la vida aseguradas y hemos experimentado muy poca persecución verdadera por causa de nuestra fe.

Pero ¿qué vamos a hacer si las cosas han cambiado? ¿Qué ocurre si estamos comenzando a ver una tendencia hacia pruebas que requerirán que muchos de nosotros sigamos un estilo de vida de fe mucho más agresivo? ¿Cuántos estamos preparados para aguantar con éxito y victoriosos cuando nuestras circunstancias se vuelvan más difíciles, si no imposibles, en lo natural? Si el apóstol Pedro nos aconseja que no pensemos que nos acontecen cosas extrañas o fuera de lo común, entonces Dios realmente debe de estar llamándonos a una fe que aguantará bajo cualquier circunstancia.

En los Salmos, David nos dice que los justos, usted y yo, sufrirán muchas aflicciones y pruebas, pero Dios será fiel en librarnos. *"Muchas son las aflicciones del justo, pero de todas ellas le librará Jehová"* (Salmo 34:19). Sea su aflicción financiera, física, relacional o en algún otra área, a través de Jesús puede tener liberación. La clave, como discutimos en el capítulo cuatro, es permanecer en las promesas de Dios. Debe aferrarse a su profesión de fe.

Dios desea una fe madura

Retener su profesión significa adoptar una posición agresiva con su fe. Su fe en Dios y en la obra consumada de Cristo no puede ser pasiva. Tiene que estar constantemente haciendo una demanda de lo que cree, avanzando hacia su objetivo deseado con una fe firme, fundada en la Palabra de Dios.

Muchas personas a las que he conocido mediante el ministerio tienen una postura de doble ánimo hacia Dios. Sí, aman a Dios y quieren recibir lo mejor que Él tenga para sus vidas, pero no se dan cuenta de que la única manera de llegar al lugar donde Él quiere que estén es mediante la disciplina de aprender a ser verdaderamente fiel. La fe no puede coexistir con la duda. Una o la otra obtendrán la prominencia en los pensamientos y actitudes de la persona. Por eso el apóstol Santiago nos advirtió acerca de la persona de doble ánimo:

> *Y si alguno de vosotros tiene falta de sabiduría, pídala a Dios, el cual da a todos abundantemente y sin reproche, y le será dada. Pero pida con fe, no dudando nada; porque el que duda es semejante a la onda del mar, que es arrastrada por el viento y echada*

de una parte a otra. No piense, pues, quien tal haga, que recibirá cosa alguna del Señor. El hombre de doble ánimo es inconstante en todos sus caminos. (Santiago 1:5–8)

El temor y la duda son dos de los elementos de las tinieblas que Dios quiere quitar de en medio de su pueblo en estos tiempos, reemplazándolos por la fe y la osadía basadas en su Palabra inmutable. Cada hombre o mujer de Dios, para entrar en la plena estatura de la madurez espiritual, debe llegar, una vez y para siempre, a un lugar donde su fe no vacile con emociones o circunstancias cambiantes. Para agradar a Dios, debe usted entender esta importante verdad: su fe debe definir e influenciar cada aspecto de su vida. No puede ser al revés.

Dios desea una relación con usted basada en su total y absoluta confianza y fe en Él mediante la obra consumada de Cristo. Él quiere que su fe sea una profesión a tiempo completo, una profesión que sea más importante que cualquier otra cosa en su vida. De hecho, Él le ama tanto que si usted carece de este tipo de fe, Él puede dársela. Él ya le ha dado su Palabra, y la Biblia promete: "*Así que la fe es por el oír, y el oír, por la palabra de Dios*" (Romanos 10:17).

Si le falta fe, pídale a Dios que le dé más. Sea como el padre que confesó a Jesús: "*Creo; ayuda mi incredulidad*" (Marcos 9:24). Él lo hará. Usted no puede vivir un día con fe en Dios y otro día con falta de fe. Eso es ser de doble ánimo, y Dios deja claro que quienes tienen este tipo de actitud no están listos para recibir lo que Él desea darles.

Si usted está vacilando y fallando en su fe, el amor y cuidado de Él por usted permanecen firmes, pero Él no puede negar su Palabra, y su Palabra es clara: el avance y la abundancia en su reino están basados en la fe. Eso significa que Él trabajará con usted, le disciplinará, enseñará y entrenará hasta que llegue a un lugar de fe que le agrade. Eso es de lo que se trata una relación con Dios.

¿Cómo definiría su actitud en estos tiempos difíciles? ¿Ha sucumbido al espíritu de temor que gobierna este mundo? ¿O ha decidido que confiará en Dios, venga lo que venga? No se equivoque; quienes le rodean necesitan un ejemplo de fe y valor en medio de la oscuridad y la agitación. Usted puede ser ese ejemplo, si así lo decide. Echemos un vistazo a la vida de un individuo que proporcionó ese tipo de ejemplo y lo que ocurrió como consecuencia de ello: el Rey David.

Capítulo 7

Confiar en el Dios vivo

No me canso nunca de leer las emocionantes historias del Antiguo Testamento de héroes valientes, que se enfrentaron a algunas de las situaciones más imposibles conocidas por la humanidad solo con un arma en su arsenal: la fe en Dios. Moisés sacó al pueblo de Israel, un grupo inmenso de hombres, mujeres, niños y ganado, de la esclavitud de Egipto con tan solo la guía de Dios y la fe de que Él haría lo que había prometido. A Moisés le siguió Josué, cuya fe en Dios, la cual aprendió sin duda alguna observando a Moisés, le capacitó para dirigir a un ejército israelita aún sin experiencia para tener éxito contra un ejército de enemigos mortales en la Tierra Prometida que Dios les había dado. Mediante la fe en Dios, el tímido Gedeón se convirtió en un "*varón esforzado y valiente*" (Jueces 6:12) que derrotó al impresionante ejército madianita con un pequeño grupo de trescientos soldados armados solamente con trompetas y cántaros de agua. O piense en Daniel. La fe de este humilde hombre le protegió después de ser lanzado a un foso lleno de leones hambrientos porque había rehusado negar a su Dios. De igual forma, cuando los amigos de Daniel, Sadrac, Mesac y Abed-nego fueron arrojados al horno de fuego por negarse a adorar la estatua de oro que erigió el Rey Nabucodonosor, confiaron en que Dios les protegería y fueron librados sin sufrir daño.

Estos son solo un puñado de los muchos relatos bíblicos inspiradores e instructivos de hombres y mujeres que pusieron sus vidas al límite con la certeza de que Dios les libraría de toda táctica del enemigo y les daría su objetivo deseado. De hecho, el apóstol Pablo nos dice que estos ejemplos del Antiguo Testamento se dieron específicamente para nuestra enseñanza, para que pudiéramos obtener esperanza y paciencia mediante la fe victoriosa de otros.

Porque las cosas que se escribieron antes, para nuestra enseñanza se escribieron, a fin de que por la paciencia y la consolación de las Escrituras, tengamos esperanza. (Romanos 15:4)

El valor es casi una contradicción de términos. Significa un fuerte deseo de vivir que toma la forma de disposición a morir. —G. K. Chesterton

De niño pastor a campeón de la fe

Quizá mi ejemplo bíblico favorito de alguien que caminó en fe y victoria se encuentra en la historia de David, el humilde niño pastor a quien Dios eligió para guiar a su pueblo, Israel. Desde sus primeros tiempos de cuidar fielmente los rebaños de ovejas de su padre, este joven demostró una seguridad tenaz de la bondad y la compasión de Dios que simplemente no dejaba lugar para el temor o la incredulidad.

Probablemente haya oído la historia de cómo el joven David se enfrentó al gigante filisteo Goliat con tan solo una honda y cinco piedras planas. Sí, sabemos que David demostró un valor increíble contra un enemigo formidable. Pero lo que a menudo se pierde en el relato es el hecho de que realizó esta hazaña increíble solo con la fe. Él solamente tenía la seguridad de que Dios entregaría al gigante Goliat en sus manos. Nadie más estuvo a su lado. De hecho, todos los demás estaban convencidos de que ese ogro grosero e intimidador le mataría sumariamente (véase 1 Samuel 17).

El marcado contraste entre la innegable fe de este joven y el temor autoderrotista mostrado por el Rey Saúl y todo el ejército de Israel no podía ser más dramático. Recuerde: Saúl tenía la reputación de guerrero poderoso y valiente, y había llenado las filas de su ejército con los hombres más fuertes y valerosos que había en Israel. Estaban bien equipados, no cabe duda; en lo natural, tenían todo lo necesario para ser victoriosos en cualquier campo de batalla.

Pero les faltaba el elemento que les podía dar la victoria contra Goliat y los filisteos: una fe firme en Dios. De hecho, mientras estaban paralizados por el temor y permitieron que Goliat les atacara verbalmente, parecía como si se les hubiera olvidado que eran el pueblo elegido de Dios. Habían permitido que el enemigo les intimidara para que creyeran que serían derrotados, que la suya era una causa perdida.

En esa situación llegó el joven David, enviado por su padre para llevar provisiones a sus hermanos mayores, que servían en el ejército de Saúl. No cabe duda de que este joven, cuya fe en Dios había sido desarrollada, probada y templada con las fuerzas de la naturaleza mientras cuidaba a las ovejas de su padre, esperaba que el ejército de Israel fuera más grande que la vida, imparable y sin temor. Después de todo, representaban al Dios del universo, cuyo poder y gloria eran sin igual. ¡Él estaba de su lado en cada batalla!

Imagínese la sorpresa de David cuando, en lugar de héroes sin temor, encontró un grupo patético de hombres acobardados por el temor y la consternación cuando el gigante filisteo se paraba en la colina que tenían enfrente y gritaba de manera arrogante: "*¡Hoy desafío a los ejércitos de Israel! ¡Envíenme a un hombre que me enfrente!*" (1 Samuel 17:10, NTV).

David nunca antes había estado en una batalla y nunca había visto a un gigante tan grande y aterrador como Goliat. En lo natural, tanto él como los valientes soldados de Israel deberían de haber estado aterrados; pero como un verdadero hijo de Dios, David no miró sus circunstancias con los ojos naturales. No, miró a través de los ojos de la fe, y al ser testigo de la muestra de arrogancia en contra de Dios, miró a los temerosos soldados que le rodeaban y preguntó con incredulidad: "*¿Quién es este filisteo pagano, al que se le permite desafiar a los ejércitos del Dios viviente?*" (versículo 26, NTV).

Cuando vio que nadie más, ni tan siquiera el gran Rey Saúl, saldría para responder a ese desafío directo a la autoridad de Dios, David se levantó y declaró: "*No te preocupes por este filisteo.... ¡Yo iré a pelear contra él!*" (1 Samuel 17:32, NTV). La decisión de David no se basó en una falsa bravuconería o en una necesidad de impresionar a quienes le rodeaban. No, este era un joven que sería recordado durante generaciones como "*un varón conforme a su corazón* [el corazón de Dios]" (1 Samuel 13:14). Su único motivo fue asegurarse de que se honrara el nombre de Dios. Cuando vio a ese monstruo pagano hablando arrogantemente, David estuvo presto a entrar en acción.

> Para los que creen, no es necesaria ninguna explicación; para los que no, ninguna será suficiente.
>
> —Joseph Dunninger

Fortalecido y preparado para la batalla

La actitud de David en la batalla con Goliat nos da una profunda lección acerca de la postura de fe que debemos adoptar cuando nos enfrentamos a nuestros propios "gigantes" en la vida. Como vemos en el caso de David, nadie tuvo el coraje para acompañarle a pelear con el enemigo que abiertamente desafiaba a su Dios. Lo máximo que el Rey Saúl pudo hacer en medio del peligro fue intentar en vano cargar al pequeño David con su propia armadura. Pero David no lo aceptó. Sabía que el equipamiento y las armas de la batalla natural no serían suficientes para esa pelea. Solo Dios mismo podía protegerle, equiparle y fortalecerle para la victoria.

No puede leer suficientes libros, ir a suficientes seminarios o escuchar suficientes predicaciones ungidas para edificar la fe y el valor que necesita para conseguir la victoria de Dios. Ese tipo de fe solo se consigue pasando tiempo a solas con Dios.

De igual forma, cuando afronte sus propias batallas contra enemigo de su alma, ninguna cantidad de aviso, consejo y ayuda de otros reemplazará la fe en Dios que debe usted edificar en su propia vida. No puede leer suficientes libros, ir a suficientes seminarios o escuchar suficientes predicaciones ungidas para edificar la fe y el valor que necesita para conseguir la victoria de Dios. Ese tipo de fe solo se consigue pasando tiempo a solas con Dios, como hacía David de joven, cuando cuidaba las ovejas en un solitario desierto. Mire, David no hizo frente a Goliat hasta después de haber pasado por un largo período de equipamiento y entrenamiento personal con Dios. El Padre celestial le había disciplinado y preparado en el desierto. Durante ese período solitario de preparación, a menudo tuvo que hacer frente a muchos peligros, tanto personales como para el rebaño que cuidaba. Aprendió a confiar en Dios y a hacer frente valientemente a lobos, leones y otros depredadores peligrosos.

De igual forma, la prueba que está usted pasando ahora mismo, ya sea en su carrera, relaciones, economía, salud o en otra área, es una oportunidad única para que aprenda a confiar en Dios, hacer frente a sus enemigos y obtener la victoria que Dios desea darle. Esos son sus métodos de probarle y prepararle para el futuro, para cuando Él le dé mayores responsabilidades y oportunidades de confiar en Él.

Años después de enfrentarse a Goliat, cuando era rey, David regresó a este tema de la preparación, declarando en un canto que fue Dios quien le preparó, equipó, entrenó y fortaleció para la batalla:

> *Quien adiestra mis manos para la batalla, para entesar con mis brazos el arco de bronce. Me diste asimismo el escudo de tu salvación; tu diestra me sustentó, y tu benignidad me ha engrandecido. Ensanchaste mis pasos debajo de mí, y mis pies no han resbalado. Perseguí a mis enemigos, y los alcancé, y no volví hasta acabarlos. Los herí de modo que no se levantasen; cayeron debajo de mis pies. Pues me ceñiste de fuerzas para la pelea; has humillado a mis enemigos debajo de mí. Has hecho que mis enemigos me vuelvan las espaldas, para que yo destruya a los que me aborrecen.* (Salmo 18:34–40)

Fue Dios quien protegió a David con su mano de salvación, sosteniéndole y haciéndole grande mediante su gentileza y compasión. Fue Dios quien enderezó el camino de David y protegió su pie para que no resbalara cuando hizo frente a sus enemigos. Fue Dios quien le capacitó para perseguir a sus enemigos, sin importar lo grandes o intimidatorios que pudieran parecer, para que pudiera destruirlos por completo.

Correr hacia el enemigo

David decidió pelear con el gigante solamente con una honda y un puñado de piedras. Como contraste, su experimentado y gran oponente estaba equipado con lo mejor del armamento militar: un casco de bronce, una cota de malla que pesaba *"cinco mil siclos de bronce"* (1 Samuel 17:5), o unos 65 kilos, grebas de bronce en las piernas, una jabalina, una lanza del tamaño de un *"rodillo de telar"* (versículo 7), y el asta de su lanza pesaba *"seiscientos siclos"* (versículo 7), o unos 7 kilos. Su escudo lo llevaba su escudero personal.

¿Se hace una idea del tamaño del desafío que David estaba afrontando y la profundidad de fe que se requería para salir a pelear contra tal oponente? En términos humanos, ninguna cantidad de equipamiento o armamento hubiera sido suficiente para que David igualara a Goliat. Y ese es el punto de este enfrentamiento. David no atacó a Goliat con una onda y una piedra. Al hacer frente a su enemigo, que ya estaba derrotado, hizo una declaración de fe que resonó en la antesala del cielo y mostró a todos el verdadero armamento de su batalla.

> *Tú vienes contra mí con espada, lanza y jabalina, pero yo vengo contra ti en nombre del Señor de los Ejércitos Celestiales, el Dios de los ejércitos de Israel, a quien tú has desafiado. Hoy el Señor te conquistará, y yo te mataré y te cortaré la cabeza. Y luego daré los cadáveres de tus hombres a las aves y a los animales salvajes, ¡y todo el mundo sabrá que hay un Dios en Israel! Todos los que están aquí reunidos sabrán que el Señor rescata a su pueblo, pero no con espada ni con lanza. ¡Esta es la batalla del Señor, y los entregará a ustedes en nuestras manos!*
> (1 Samuel 17:45–47, NTV)

Dios responde a ese tipo de fe. Es una fe que va más allá de una mera dependencia para llegar a una total seguridad de que Dios es plenamente capaz de hacer lo que nos ha prometido, ¡y de que lo *cumplirá*! La fe que David demostró en ese campo de batalla es la misma fe que Dios desea en usted y en mí. Él es el mismo Dios; nos ha dado las mismas promesas que le dio David, y nos dará la misma victoria también si confiamos en Él. Al igual que David, en medio de nuestras batallas y circunstancias más extremas debemos aprender mediante el Espíritu de Dios que la batalla no es nuestra, sino de Él. La victoria le pertenece a Dios. Cuando esa verdad finalmente se arraigue en nuestro corazón, dejaremos de afanarnos y pondremos toda nuestra confianza en su poder. Entonces, veremos grandes victorias en cada área de nuestra vida.

Me encanta cómo termina esta historia porque demuestra la profunda seguridad de este joven de que Dios estaba con él. Cuando Goliat se posicionó y, con una confianza presuntuosa, avanzó para destruir a este mocoso sin armadura y sin medios aparentes de defenderse, ¿cómo respondió David? Usted podría suponer que se habría acercado a Goliat con precaución, eludiéndole y buscando la oportunidad de que una de sus piedras traspasase las defensas de gigante. Pero no, este joven guerrero lleno de fe "*corrió*" (1 Samuel 17:48) hacia Goliat para hacer frente a su atacante, colocando una piedra en su honda. Cuando esa piedra salió de la mano de David, fue directamente a incrustarse en la frente de Goliat. (Véase los versículos 48–49).

¿Que cree que ocurrió en el campamento de los temerosos e intimidados soldados israelitas cuando vieron que Goliat cayó fulminado al suelo? ¿Qué les ocurrió a esos soldados cuando vieron a este joven campeón cortar la cabeza de Goliat con la propia espada del gigante? Se llenaron de valentía, y atacaron al ejército filisteo que ahora huía.

> *Levantándose luego los de Israel y los de Judá, gritaron, y siguieron a los filisteos hasta llegar al valle, y hasta las puertas de Ecrón. Y cayeron los heridos de los filisteos por el camino de Saaraim hasta Gat y Ecrón. Y volvieron los hijos de Israel de seguir tras los filisteos, y saquearon su campamento.*
>
> (1 Samuel 17:52–53)

Todo ello estaba fundado en la propia fe de David en el hecho de que su Dios le había llamado a la victoria, y no a la derrota.

> El comienzo de la ansiedad es el fin de la fe, y el comienzo de la verdadera fe es el fin de la ansiedad.
>
> —George Müller

La batalla es del Señor, no de usted

Lo mismo ocurre en su vida diaria. La batalla no es de usted, sino de Dios. De hecho, para muchos de los que lean estas páginas, sus circunstancias son tan agobiantes que sienten que nunca podrían vencerlas por medios naturales que le obedezcan. Las facturas son demasiado grandes; la relación se han roto del todo; el diagnóstico médico es demasiado grave. La circunstancias de su vida parecen no tener esperanza alguna. Esos son los momentos en que Dios pide a los que invocan a Jesucristo como Señor y Salvador que le entreguen del todo sus situaciones. Dios va usar sus circunstancias para llevarle al límite de usted mismo: el límite de sus capacidades, de sus recursos y de cualquier esperanza que tenga que no esté fundamentada en Él.

Cuando el pueblo de Israel estaba huyendo del faraón después que Dios les hubiera liberado de la esclavitud de Egipto, ese era solamente el primer paso. Puede que fuesen libres por primera vez en años, pero aún estaban siendo perseguidos por el poderoso ejército egipcio, el cual les había atrapado contra las orillas del mar Rojo. Los hijos de Dios no tenían escapatoria. Su circunstancias parecían desesperanzadas, pero Dios les había llevado hasta ahí, y no iba a fallarles. A través de Moisés, Dios dijo: *"No temáis; estad firmes, y ved la salvación que Jehová hará hoy con vosotros.... Jehová peleará por vosotros, y vosotros estaréis tranquilos"* (Éxodo 14:13–14).

Entonces, Dios le dio a Moisés algunas indicaciones asombrosas. Dijo a los hijos de Israel *"que marchen"* (versículo 15) ¡en dirección al mar! Dios quería que sus hijos confiaran tanto en Él que pudieran avanzar en medio del peligro y la prueba. Aquí hay otra verdad: la fe firme solo viene mediante grandes pruebas. Como descubrieron los hijos de Israel, no se puede llegar a la tierra prometida del destino de Dios para su vida sin viajar por los peligros y pruebas que estirarán su fe.

Así como David corrió hacia Goliat, Dios ordenó a los hijos de Israel que avanzaran hacia el agua. Le dijo a Moisés que levantase su vara, y cuando él lo hizo, las aguas se abrieron, permitiendo que la nación que huía pasara *"por en medio del mar, en seco"* (Éxodo 14:16) hasta el otro lado, donde estarían a salvo del peligro. Cuando sus enemigos les persiguieron por el mismo camino, Dios cerró la vía de escape. Lo que había sido una liberación para los hijos de Israel instantáneamente se convirtió en una trampa mortal para sus enemigos.

Se trata de un pacto

> *No temas, porque yo estoy contigo; no desmayes, porque yo soy tu Dios que te esfuerzo; siempre te ayudaré, siempre te sustentaré con la diestra de mi justicia.* (Isaías 41:10)

Dios había hecho un pacto con su pueblo en el que prometió ser su Dios en todo. Moisés entendió ese pacto. David entendió ese pacto. De igual forma, cada hijo de Dios debe entender, y comprometerse por completo, a ese mismo pacto para vivir al nivel de fe que Dios desea.

Quizá muchos de nosotros afrontemos días, semanas, meses e incluso años en los que no podemos ver en lo natural cómo Dios nos sostendrá. Pero Él lo hará, porque ha prometido hacerlo.

Sí, los tiempos son difíciles, y quizá empeoren. Quizá las circunstancias de nuestra vida no son fáciles. Quizá muchos de nosotros afrontemos días, semanas, meses e incluso años en los que no podemos ver en lo natural cómo Dios nos sostendrá. Pero Él lo hará, porque ha prometido hacerlo. Lo que dijo a los hijos de Israel, nos lo dice nosotros: "No temas, porque yo estoy contigo; no desmayes, porque yo soy tu Dios que te esfuerzo; siempre te ayudaré, siempre te sustentaré con la diestra de mi justicia".

Durante demasiado tiempo, muchos de los hijos de Dios han equiparado las bendiciones y la presencia de Dios en sus vidas con un trabajo mejor, un salario más alto, una casa más grande o un auto nuevo. Seamos claros: Dios no tiene ningún problema con que sus hijos tengan esas cosas, pero las bendiciones materiales por sí solas no definen la presencia y las bendiciones de Dios para nosotros. La verdadera abundancia y prosperidad llegan solo cuando aprendemos a rendirnos a su voluntad y entrar en un estilo de vida de total confianza y vida santa.

El Señor desea profundamente que aprendamos contentamiento y tengamos un carácter verdaderamente piadoso, lo cual Él llama *"gran ganancia"* (1 Timoteo 6:6). De hecho, incluso diré que desarrollar un carácter piadoso y ser agradecido y tener contentamiento con las circunstancias en las que Dios nos ha puesto en un momento dado es la verdadera definición de prosperidad y abundancia.

En esta cultura cada vez más egocéntrica que tenemos, muchos hemos adquirido la actitud de que lo mejor y más grande debería ser la meta de nuestra vida. Pero en la economía de Dios, la vida no se trata de adquirir. De hecho, el apóstol Pablo le dijo a su joven amigo Timoteo que su deseo de riquezas y éxito material le abriría una puerta al lazo del enemigo y probablemente le conduciría a tentaciones mortales que finalmente le llevarían a una eternidad sin Dios.

> *Porque los que quieren enriquecerse caen en tentación y lazo, y en muchas codicias necias y dañosas, que hunden a los hombres en destrucción y perdición.* (1 Timoteo 6:9)

¿Cuál es la solución? Piedad y contentamiento, porque, como Pablo le había dicho Timoteo,

> *Nada hemos traído a este mundo, y sin duda nada podremos sacar. Así que, teniendo sustento y abrigo, estemos contentos con esto.* (1 Timoteo 6:7–8)

El pacto de Dios con usted es un pacto de total provisión. Mediante su Hijo Jesús, ha prometido que en su momento más oscuro de necesidad, *"no te desampararé, ni te dejaré"* (Hebreos 13:5).

Fortaleza en la debilidad

A lo largo de la Biblia hay una cualidad común entre cada hombre y mujer que fue usado por Dios: la debilidad personal. Irónicamente, fue mediante esas debilidades como Dios trabajó con más eficacia en sus vidas. Piense en los siguientes ejemplos:

- Aunque Abraham y su esposa, Sara, habían sobrepasado con mucho la edad de tener hijos, Dios prometió a este gran patriarca de la fe que los hijos de sus hijos serían tan numerosos como las estrellas del cielo, una promesa que Dios sigue cumpliendo, no solo lo natural sino también en lo espiritual, en los millones de individuos que vienen a la fe en Cristo. (Véase, por ejemplo, Génesis 15:5; 17:4–8).
- Cuando Dios le llamó a guiar a Israel, Moisés alegó que era lento para hablar (algunos dicen que tartamudeaba) y, por tanto, no era apto para la tarea. No obstante, Dios transformó a Moisés, capacitándole para guiar a los hijos de Israel y sacarles de la esclavitud (véase Éxodo 3–4).
- Mediante la fe, Ester fue transformada y pasó de ser una pobre huérfana a una reina persa ungida por Dios para salvar su propia nación, Judá, de la destrucción a manos de un malvado manipulador (véase el libro de Ester).
- Aunque a menudo pensamos en David como un hombre que lo tenía todo solucionado, la Biblia revela a un hombre que luchó con defectos importantes durante toda su vida; un hombre que, en momentos cruciales, se enfrentó a su propia vida

pecaminosa. (Véase, por ejemplo, 2 Samuel 11). No obstante, la debilidad de David se convirtió en la fortaleza del Espíritu Santo cuando David se rindió en fe a Dios.

- Aunque Pedro negó a Cristo, Dios le capacitó para ser uno de los principales apóstoles de la iglesia primitiva (véase Mateo 16:17–19).
- El devotamente religiosos Saulo de Tarso, que odiaba a los cristianos y conspiraba contra ellos, fue confrontado por Jesucristo mismo en el camino de Damasco. Fue capacitado para la obra del evangelio y se convirtió en el apóstol Pablo, que escribiría casi la mitad de los libros del Nuevo Testamento (véase Hechos 9).

Descansar en la misericordia de Dios

Todos tenemos debilidades, pero solo cuando reconocemos, de una vez por todas, que es imposible que vivamos exitosamente en nuestras propias fuerzas, es cuando nos encontramos en el camino hacia la grandeza en el reino de Dios. Este reconocimiento es la clave para una vida de fe victoriosa. Es la profunda verdad que el apóstol Pablo nos dio en 2 Corintios. Como usted y yo, este hombre confiado y muy motivado tuvo que llegar a un lugar de total rendición para que Dios pudiera usarle plenamente. Y como muchos de nosotros, llegó a ese lugar a través de las circunstancias de su propia vida. Una circunstancia en particular Pablo la denominó *"un aguijón en mi carne"* (2 Corintios 12:7), y oró diligentemente para ser liberado de él. Aunque no sabemos qué era ese aguijón, muchos seguramente podemos identificarnos con la experiencia de luchar con un problema personal al que nos sentimos incapaces de vencer.

¿Puede identificar un problema que parezca dificultarle su búsqueda de plenitud y satisfacción? ¿Le parece que cuanto más pelea por su libertad, y cuanto más diligentemente busca que Dios le libere, más le mantiene limitado ese problema? Quizá sea un problema económico que ha intentado vencer por muchos años. Quizá es un conflicto relacional difícil que parece que nunca se resuelve. O quizá es una enfermedad física que le ha pedido por años a Dios que le sane. Quizá incluso ha peleado en contra de las palabras y acciones negativas de otras personas mientras permanecía firme en su fe buscando lo mejor de Dios para su vida. Creo firmemente que sea lo que sea el "aguijón" en su vida, la respuesta de Dios es la misma que le dio a Pablo: *"Bástate mi gracia; porque mi poder se perfecciona en la debilidad"* (2 Corintios 12:9).

El deseo de Dios es que lleguemos al límite de nosotros mismos, el límite de confiar en nuestras propias fortalezas y habilidades, para que finalmente comencemos a confiar en la fuerza de Él para cada victoria.

El deseo de Dios es que lleguemos al límite de nosotros mismos, el límite de confiar en nuestras propias fortalezas y habilidades, para que finalmente comencemos a confiar en la fuerza de Él para cada victoria. Como hemos visto en el caso de David, y a lo largo de la Biblia, Dios puede, y desea, usar a quienes están totalmente persuadidos de que, como dicen las palabras de una canción de niños, "son débiles, pero Él es fuerte".

Al igual que Pablo, debemos llegar a ese punto en que dejemos de pelear en nuestras propias fuerzas y comencemos a descansar en la misericordia de Dios. Es en ese lugar donde podemos soltar todo temor en nuestra vida, recibir una fe total en Dios, y declarar con el gran apóstol: *"cuando soy débil, entonces soy fuerte"* (2 Corintios 12:10).

Las armas de su guerra

Permítame ser claro: eso no significa que debiera afrontar la vida con una actitud pasiva que dice "da igual lo que ocurra". Justamente lo contrario. Porque solo cuando usted llega al final de sus propias habilidades y temores es cuando podrá *"fortaleceos en el Señor, y en el poder de su fuerza"* (Efesios 6:10). Será capacitado para posicionarse en la autoridad que Dios le ha dado: su Palabra.

La Biblia deja claro que, como hijo de Dios, está usted en una batalla contra el enemigo de su alma, cuyo único objetivo es arruinar el propósito de Dios para su vida. Pero también está claro que si usted es vigilante, si conoce la estrategia que Satanás usa en su batalla contra usted, será victorioso. Esa estrategia, así como la contraestrategia que Dios le ha dado para una victoria absoluta, está desarrollada en la Escritura.

Un pasaje clave que define la batalla y las armas que debe usar para la victoria se encuentra en el capítulo final de Efesios. Ahí, el apóstol Pablo nos dijo claramente que la batalla que peleamos cada día para alcanzar la victoria y el destino de Dios para nuestra vida no es contra nuestras circunstancias, obstáculos naturales o incluso las personas que se oponen a nosotros. En cambio, nos dice que nuestra batalla espiritual diaria es contra *"poderes, contra autoridades, contra potestades que dominan este mundo de tinieblas, contra fuerzas espirituales malignas en las regiones celestiales"* (Efesios 6:12, NTV).

Eso suena a algo bastante peligroso, ¿verdad? Como David en su batalla contra el gigante, estaríamos en graves problemas si confiásemos solo en las armas y los métodos creados por el hombre para hacer frente a nuestro enemigo. Al igual que la de David, nuestra batalla se basa en nuestra seguridad de la victoria de Dios. Por tanto, las armas que levantamos contra el diablo no pueden estar basadas en la sabiduría carnal sino que deben provenir del gran poder de Dios: lo único que destruirá las fortalezas que el enemigo levanta contra nosotros (véase 2 Corintios 10:4). Afortunadamente, la Biblia deja igualmente claro que la única forma de poder ser equipados para blandir esas armas y vestir toda la armadura espiritual que Dios nos ha dado es dominando su Palabra.

En el siguiente capítulo hablaremos de cómo la Palabra de Dios, atesorada en nuestro corazón y declarada con nuestra boca, edificará fe, derrotará al diablo y asentará el fundamento para todas las victorias que Dios quiere darnos en la vida.

Capítulo 8

Fe y autoridad

Al gran evangelista inglés del siglo XIX y obrero cristiano George Müller, con frecuencia le hacían la pregunta de cómo había desarrollado esa fe tan grande en Dios, la cual le permitía predicar el evangelio y ministrar a varios miles de huérfanos sin nunca pedir ningún tipo de ayuda económica. Su respuesta era: "Una fe fuerte se obtiene soportando grandes pruebas. Yo he obtenido mi fe permaneciendo firme en medio de severas pruebas".

Tristemente, mucho de lo que se les ha enseñado a los cristianos en América acerca de la fe no ha incluido lo que George Müller y otros grandes hombres y mujeres de Dios aprendieron en el transcurso de sus vidas: que una gran fe solo se produce mediante el calor de la prueba. Si usted ha aceptado a Cristo como su Salvador y Señor, entonces Dios quiere que crezca en su fe y confíe en el en un grado cada vez mayor cada día; y la única manera de que eso ocurra es pasar por pruebas que fortalezcan su fe.

El apóstol Pedro explicó que, a los ojos de Dios, la verdadera fe en las vidas de sus hijos es *"más preciosa que el oro"* (1 Pedro 1:7). Con mucha frecuencia buscamos de Dios bendiciones materiales y abundancia, cuando en la economía de su reino, una fe grande es de mucho más valor y uso que las riquezas materiales. ¿A qué se debe esto? Es muy simple. Sabemos que Dios posee todas las riquezas del universo y las distribuye a quien Él escoge. Además, Él promete suplir todo lo que necesitamos usando ese gran almacén. Pero, a la luz de la eternidad, todas esas riquezas tienen finalmente muy poco valor y están deplorablemente limitadas en cuanto a lo que pueden lograr. Por ejemplo, no puede usted comprar el perdón de Dios con oro, ni tampoco puede comprar sanidad para su cuerpo. Toda la plata del mundo no es suficiente para pagar la salvación de un hijo o una hija perdidos. Aunque poseyera usted un millón de acres de la mejor tierra, no sería suficiente para restaurar una relación rota.

A lo largo de los siglos, hombres y mujeres se han entregado, en cuerpo, alma y espíritu, a conseguir cada vez más riquezas, poniendo en peligro con ello su salvación eterna y la salvación eterna de sus seres queridos. Al final, dejan tras ellos toda su riqueza y pasan a la eternidad, donde los lamentos de haber hecho un ídolo de las riquezas les perseguirán para siempre. El libro de Proverbios destaca que no importa lo firmemente que crea que tiene atesoradas sus riquezas, finalmente y en todos los casos adquieren alas y vuelan. "*¿Has de poner tus ojos en las riquezas, siendo ningunas? Porque se harán alas como alas de águila, y volarán al cielo*" (Proverbios 23:5).

Como contraste, en la economía de Dios, la fe es el bien más valioso y dura para siempre. De hecho, la Biblia nos dice que "*sin fe es imposible agradar a Dios*" (Hebreos 11:6). La fe es la moneda del reino de Dios. La fe en la sangre derramada de Jesucristo trae perdón de nuestros pecados y sanidad para nuestro cuerpo. La fe en Dios llevará a nuestros seres queridos a la salvación, sanará incluso las relaciones heridas más difíciles y logrará milagros que sacudirán la tierra.

La fe en Dios llevará a nuestros seres queridos a la salvación, sanará incluso las relaciones heridas más difíciles y logrará milagros que sacudirán la tierra.

Jesús mismo declaró osadamente: "*Tened fe en Dios*" (Marcos 11:22). Entonces, Él explicó que con una fe tenaz uno podría decir a una montaña (sí, una montaña física) "*Quítate y échate en el mar*" (versículo 23), y sucedería. No, no sería con una máquina excavadora, con un boquete o con la ingenuidad del hombre sino mediante la fe en Dios. Lo que quería decir era: cuando usted ora, cualquier cosa que necesite crea que Dios se la dará, y Él lo hará, en el nombre de Jesús (véase Marcos 11:24).

Una fe refinada en el horno de la aflicción

Pedro explicó que como nuestra fe es tan vital para nuestras vidas, debe ser refinada y perfeccionada, y es en el horno de la aflicción y las pruebas donde Dios lleva a cabo este refinamiento, disciplina, corrección y perfeccionamiento de nuestra fe, hasta que brilla. Recuerde la amonestación de David: *"Muchas son las aflicciones del justo"* (Salmo 34:19). Sí, es cierto que Dios promete librarnos de todas nuestras aflicciones; pero mientras estamos en ese incómodo proceso, Dios usa esos retos para producir en nosotros una medida de fe cada vez mayor.

> *Es verdad que ninguna disciplina al presente parece ser causa de gozo, sino de tristeza; pero después da fruto apacible de justicia a los que en ella han sido ejercitados.* (Hebreos 12:11)

Aunque el proceso de refinamiento pueda producir dolor, el escritor de Hebreos enfatizó que el resultado será una mejora en el carácter de Cristo en su vida y fruto en todo lo que Dios le haya llamado a hacer. En otras palabras, el proceso de refinamiento producirá un drástico aumento de fe y sus resultados.

Nunca crecerá hasta la estatura plena como un verdadero creyente sin pasar por este proceso de pruebas y dificultades. En este momento, muchos de los hijos de Dios están en medio de tal sufrimiento para que su fe y confianza estén en Dios y no en ellos mismos o en quienes les rodean. Muchos están afrontando coacción económica hasta tal punto que no saben de dónde vendrá su siguiente dólar. Quizá eso le describe a usted.

Aunque puede parecer imposiblemente difícil, yo creo con todo mi corazón que Dios está enseñando a sus hijos a no confiar en las riquezas o en la seguridad terrenal sino solo en la provisión de Él. Aunque nos ha prometido a todos la abundancia de su reino, la manera en que Él suelte esa abundancia, y en qué medida, está solo en sus manos. Nosotros no deberíamos dictar cómo debiera Él bendecir nuestra vida. Él quiere que tengamos la misma actitud que le llevó al apóstol Pablo a decir:

> *Pues he aprendido a contentarme, cualquiera que sea mi situación. Sé vivir humildemente, y sé tener abundancia; en todo y por todo estoy enseñado, así para estar saciado como para tener hambre, así para tener abundancia como para padecer necesidad.* (Filipenses 4:11–12)

Él sabía sin lugar a dudas que Dios cuidaría de él por la abundancia de sus riquezas, e incluso cuando sufría un revés temporal en sus circunstancias, podía declarar confiadamente: "*Todo lo puedo en Cristo que me fortalece*" (versículo 13).

"Ven a ver lo que hará nuestro Padre celestial"

Ese tipo de declaración de fe tan valiente solo se consigue mediante la prueba y las dificultades. Realmente no puede usted aprender a confiar en Dios a menos que esté situado en posición que haga que su provisión, su respuesta, sea la única solución para su necesidad. Este es el terreno de la prueba sobre el que los grandes hombres y mujeres de Dios, como George Müller y su esposa, caminaron para aprender a tener una gran fe.

Müller mismo hizo del creer a Dios en los casos imposibles un estilo de vida. A lo largo de sus vidas como ministros a tiempo completo de la misericordia y compasión de Dios para las personas más necesitadas en Inglaterra, Müller y su esposa cuidaron, alimentaron, educaron y criaron a más de 10.000 niños huérfanos. Durante esos años, nunca solicitaron ayuda económica y ni una sola vez tuvieron deuda, incluso cuando, durante la construcción de los hogares de cinco niños y al cuidar a cientos de huérfanos a la vez, sus necesidades eran grandes. ¿Como lo hicieron? ¡Presentando sus necesidades solamente a Dios y creyendo que obtendrían de Él la respuesta!

Se ha contado muchas veces la historia de lo que ocurrió en la vida de Ashley Downs en el orfanato de Müller. Los niños se despertaron y se reunieron para desayunar, pero no había comida ni dinero con el que comprar nada. Una niña cuyo padre era amigo de Müller, casualmente estaba de visita esa mañana y fue testigo de la necesidad. Tomando a la niña de la mano, Müller dijo: "Ven a ver lo que hará nuestro Padre celestial hoy por nosotros".

En el comedor del orfanato, las mesas estaban puestas con platos y tazas mientras los niños esperaban expectantes sus desayunos. Müller hizo una oración simple llena de fe, diciendo: "Querido Padre, te damos gracias por lo que vas a darnos de comer". No había duda en su mente ni en su corazón de que Dios proveería *"conforme a sus riquezas en gloria"* (Filipenses 4:19).

Después de orar, alguien llamó a la puerta. Era un panadero local, que dijo: "Sr. Müller, no podía dormir esta noche. De algún modo sentí que no tenían pan para desayunar, y el Señor quiso que le enviara algo, así que me levanté a las dos de la mañana y horneé algo de pan para ustedes".

Müller le dio gracias al generoso panadero y le dio gracias a Dios por la respuesta. Poco después, llamaron por segunda vez a la puerta. Era el lechero local, cuyo carro se le había roto enfrente del orfanato. "Antes de que se estropee esta leche, me gustaría dársela a sus niños", explicó. Después comenzó a descargar varios galones de leche fresca para el orfanato.

¿Cómo se produjo este milagro de provisión? La sencilla respuesta es mediante la fe y la oración. George Müller no era distinto a usted o a mí ante los ojos de Dios. Pero mediante el tiempo que pasó en la Palabra, había llegado a la conclusión de que la fe debiera ser la norma en la vida de un hijo de Dios, y se dispuso a disciplinarse para ese estilo de vida. Müller explicó esta transformación en su pensamiento:

> Hubo un día en que morí, morí del todo, morí a George Müller, a sus opiniones, preferencias, gustos y voluntad, morí al mundo, a su aprobación o censura, morí a la aprobación o la culpa incluso de mis hermanos y amigos, y desde entonces he estudiado solamente para mostrarme aprobado por Dios.[11]

Ese, amigo mío, es un lugar al que cada hombre o mujer que verdaderamente quiere caminar en la plenitud de Dios debería llegar: el final de uno mismo y una total rendición a Dios.

La milagrosa provisión de Dios en mi vida

Además de la Palabra de Dios, la experiencia personal me ha demostrado que Dios puede suplir, y suplirá, todo lo que necesitemos. Cuando mi esposa Carol y yo nos mudamos en fe de la ciudad de Nueva York a Fort Lauderdale, Florida, una semana después de nuestra boda, no teníamos mucho dinero; pero sabíamos que Dios nos había llamado, y estuvimos dispuestos a actuar en fe.

Un sábado en la mañana, me desperté con un sentimiento de desánimo porque no había comida ni dinero en nuestro apartamento; pero cuando oré por la situación, sentí que Dios quería que usara mi fe, que fuera al supermercado y comprara nuestra despensa semanal. Aunque mi esposa era un poco escéptica con el hecho de ir al supermercado sin dinero, le convencí para que me acompañara, y salimos con fe en nuestro corazón y una cartera vacía en mi bolsillo. Cuando llegamos al supermercado, estimulé mi fe y comencé a recorrer de un lado a otro cada pasillo, seleccionando los artículos que necesitábamos.

Después de seleccionar todo lo que necesitábamos, nos acercamos a la cajera para "pagar" la compra. Carol se giró y me dijo: "Te esperaré fuera cuando hayas terminado". Si alguna vez hubo un momento en que necesitara que mi fe funcionase, definitivamente era ese momento. Con algo de esfuerzo, le convencí para que se quedara conmigo y creyera que Dios proveería para nuestra necesidad.

Tras unos minutos, durante los que oramos y esperamos en silencio, un hombre cruzó la entrada del supermercado y caminó directamente hacia mí. "Henry", me dijo, "estaba profundamente dormido esta mañana cuando Dios me despertó y me dijo que estabas en esta tienda y que tenía que darte este sobre". Puso un sobre en mi mano, se dio la vuelta y se fue por el mismo lugar por donde había entrado. Como probablemente ya se habrá imaginado, el sobre tenía dinero suficiente para pagar la compra que teníamos en el carro, y algo más. Dios actuó a través de dos individuos ese día. Yo tuve la fe de que Dios supliría nuestras necesidades; ese otro hombre caminó en la autoridad de la Palabra de Dios, fue sensible a la voz del Espíritu Santo y obedeció de inmediato. ¡El resultado fue un milagro! Créame cuando le digo que Dios pondrá todo lo que usted necesite en sus manos cuando ejercite la fe.

> Si desea conocer a Dios, debe conocer su Palabra; si desea percibir su poder, debe ver cómo obra Él mediante su Palabra. —Charles Spurgeon

Aprobado por Dios

Rendirse a Dios significa aceptar la autoridad de su Palabra en nuestra vida. Sabemos que sin fe en Dios es imposible agradarle (véase Hebreos 11:6). El apóstol Pablo le dijo a Timoteo, un joven ministro del evangelio de quien era mentor, que la principal forma en que podía llegar a la norma de fe absoluta era posicionarse sólidamente en la Palabra de Dios cada día, estudiando sus promesas, guardando su tesoro en su corazón, para que pudiera *"presentarse a Dios aprobado"* (2 Timoteo 2:15).

Mediante la muerte y resurrección de Cristo, usted está firme ante Dios en su salvación. Su fe sencilla en Él le justifica ante Dios.

Permítame ser claro sobre una cosa: mediante la muerte y resurrección de Cristo, usted está firme ante Dios en su salvación. Su fe sencilla en Él le justifica ante Dios. Sin embargo, más allá de esto, el Padre quiere aprobarle en un estilo de vida de fe fuerte que cubrirá cada área de su vida; y esa aprobación solo puede llegar pasando tiempo en su Palabra.

> *En mi corazón he guardado tus dichos, para no pecar contra ti.* (Salmo 119:11)

Para estar en ese lugar donde sus palabras, pensamientos y acciones eran agradables a Dios, el Rey David tuvo que guardar la Palabra de Dios en su corazón. Eso significaba que pasaba tiempo durante el día leyendo, pensando y hablando con Dios acerca de su santa Palabra. David sabía por propia toda una vida de experiencia que sin la Palabra de Dios saturando su corazón y su mente, tenía tendencia a caer en pensamientos, actitudes, acciones y hábitos que eran destructivos para él y para quienes le rodeaban. (Véase la infatuación de David con Betsabé en 2 Samuel 11). Sin embargo, cuando mantuvo la Palabra de Dios en primer lugar en su vida, fue protegido del pecado, la desobediencia y la incredulidad.

De igual forma, usted y yo encontraremos nuestro fundamento de fe y victoria solo en la Palabra de Dios. De hecho, el apóstol Pablo confirmó que esa fe fuerte y vital, ese tipo de fe que se mantendrá firme en las circunstancias más extremas de la vida, se produce al estar constantemente inmerso en la Palabra de Dios.

> *Así que la fe es por el oír, y el oír, por la palabra de Dios.*
> (Romanos 10:17)

Es solamente en la Palabra de Dios donde descubriremos el fundamento para la autoridad que tenemos como creyentes. Su éxito en esta vida, como hijo de Dios, depende de que usted sepa quién es en Cristo, y quién es Cristo en usted. La Biblia dice que Cristo en usted es "*la esperanza de gloria*" (Colosenses 1:27); es decir, la única esperanza que tiene para experimentar las bendiciones de Dios y abundancia en la vida.

Mediante su Palabra, Dios ha prometido darnos sabiduría y revelación de lo que se trata nuestra relación con Él para que podamos estar totalmente firmes en la esperanza de su llamado y recibir todas las riquezas de su herencia. Su Palabra nos dará una revelación del gran poder y autoridad que están en nosotros por medio de Jesucristo.

> *Para que sepáis cuál es la esperanza a que él os ha llamado, y cuáles las riquezas de la gloria de su herencia en los santos, y cuál la supereminente grandeza de su poder para con nosotros los que creemos, según la operación del poder de su fuerza.*
> (Efesios 1:18–19)

Como creyentes, encontramos nuestro poder y autoridad solamente en la Palabra de Dios.

El escritor de Hebreos explicó que la Palabra de Dios obrando en su vida *"es viva y eficaz, y más cortante que toda espada de dos filos; y penetra hasta partir el alma y el espíritu, las coyunturas y los tuétanos, y discierne los pensamientos y las intenciones del corazón"* (Hebreos 4:12). Cuando usted se sitúa bajo la autoridad de la Palabra de Dios, ella se convertirá en la autoridad por la cual usted camina en este mundo; definirá cómo afronta usted problemas que, en el pasado, le han hecho quedarse flotando en la derrota. Hará que vea con ojos espirituales y le capacitará mediante el Espíritu Santo para vivir victoriosamente en todos los niveles. Cambiará su modo de pensar, su modo de hablar y el modo en que responde a las circunstancias de la vida. Y lo más importante: caminar en la autoridad de la Palabra de Dios le hará dar fruto en el reino de Dios, capacitándole para hacer la voluntad de Dios y cumplir el destino que Él tiene para su vida.

Se trata de autoridad

El problema con tantas personas del pueblo de Dios hoy día es que no han aprendido a caminar en la autoridad de la Palabra de Dios. En cambio, en momentos de dificultad o estrés, cuando la fe es esencial, se dan cuenta de que se apoyan en su propio entendimiento y razonamiento en lugar de confiar en la Palabra de Dios. Sus circunstancias, sean buenas o malas, se convierten en el barómetro de su fe. Si las cosas van bien, su confesión es de confianza: "Estoy bendecido, y Dios es mi proveedor". Pero si las circunstancias comienzan a desafiarles, si las pruebas y frustraciones se vuelven demasiado grandes, su fe comienza a vacilar, y sus palabras comienzan a expresar duda, desesperación e incredulidad. Se vuelven como la persona de doble ánimo sobre la que escribió el apóstol Santiago, que quería creer en Dios pero aún tenía dudas en su mente (véase Santiago 1:8). Una fe a medio hacer no le llevará a ningún sitio. Debe estar dispuesto y preparado para permanecer en una fe en Dios inquebrantable, declarándola con autoridad sobre cada circunstancia de la vida, no dejándose arrastrar por las circunstancias. Esa es la única manera de ver el fruto de la fe en su vida.

Jesús dijo:

> *Si tuviereis fe, y no dudareis... sino que si a este monte dijereis: Quítate y échate en el mar, será hecho. Y todo lo que pidiereis en oración, creyendo, lo recibiréis.* (Mateo 21:21–22)

No estaba hablando aquí acerca de una fe fácil y una oración informal. Estaba hablando del tipo de fe que persevera cuando todo dice que la situación es imposible. Estaba hablando acerca de una fe que no tomará un no por respuesta, el tipo de fe que declara la Palabra de Dios de promesa en medio de cada circunstancia y poder que se oponen. Jesús estaba hablando a esas personas que han sido probadas en el fuego de la aflicción y han llegado a un punto tal de rendición que la Palabra de Dios es la autoridad absoluta en sus vidas.

¿Le describe eso a usted, o a ese alguien que le gustaría ser? Dios conoce nuestras debilidades y fortalezas, y se da cuenta de que muchos de sus hijos no están en un lugar donde están caminando en la absoluta autoridad de su Palabra. Sin embargo, no dude de que Él no rechazará a los que acudan a Él diciendo: *"Creo; ayuda mi incredulidad"* (Marcos 9:24). Él desea que todos lleguemos a la plena estatura para la que fuimos creados, el lugar donde nuestras palabras están en consonancia con su Palabra.

Así como de una fuente de agua fría de manantial no puede salir también un río de agua salada y amarga, el pueblo de Dios no puede declarar vida y muerte al mismo tiempo.

"De una misma boca proceden bendición y maldición" (Santiago 3:10). Nuestras palabras no solo afectarán a quienes nos rodean, ya sea de forma negativa o positiva, sino que también tienen poder para afectar a nuestra propia vida. ¿Con qué frecuencia se da cuenta de que se queja acerca de algo en su vida, o habla de manera negativa acerca de

alguna situación que está viviendo? ¿Con qué frecuencia ha permitido que sus palabras vayan contra lo que dice la Palabra de Dios? Ese no puede ser el caso para el hijo de Dios. Así como de una fuente de agua fría de manantial no puede salir también un río de agua salada y amarga, el pueblo de Dios no puede declarar vida y muerte al mismo tiempo (véase Santiago 3:11–12).

Si esto le resulta familiar, no se encuentra solo. Todos "hemos estado ahí, lo hemos hecho"; pero no tenemos que quedarnos en ese lugar de incredulidad y duda, permitiendo que nuestras palabras maldigan nuestro futuro y nuestro destino.

David era una persona muy parecida a usted y a mí. Estaba sometido a las mismas tentaciones y, a veces, luchaba con creer a Dios. Por eso declaró:

> *Sean gratos los dichos de mi boca y la meditación de mi corazón delante de ti, oh Jehová, roca mía, y redentor mío.* (Salmo 19:14)

David reconoció el hecho de que Dios era su fortaleza y su Redentor. Entendió que todo lo que él era y todo lo que había tenido fue gracias a la misericordia y la compasión de Dios sobre su vida. Sin embargo, David también entendía que tenía tendencia a olvidar esas bendiciones de Dios, y que, en esas ocasiones, comenzaba a declarar palabras de temor e incredulidad. Por tanto, buscó al Señor para alinear, una vez más, sus palabras y sus pensamientos con la Palabra de Dios. Sabía que para caminar en la plenitud de la provisión de Dios, tenía que andar en total acuerdo con Dios. Las palabras de David tenían que estar alineadas con una declaración de fe.

El poder del acuerdo

Para que podamos agradar totalmente a Dios, los pensamientos de nuestro corazón y las palabras que decimos deben ser aceptables; es decir, deben estar de acuerdo con su Palabra.

> *La muerte y la vida están en poder de la lengua, y el que la ama comerá de sus frutos.* (Proverbios 18:21)

El escritor de Proverbios sabía que, finalmente, estamos destinados a cosechar lo que sembramos con nuestra boca. Nuestro Dios es un Dios de vida, y su deseo es que, de igual forma que Él usó sus palabras para crear vida y abundancia (véase Génesis 1), así también nosotros declaremos vida y abundancia al tener nuestra boca llena de su Palabra.

> *Nunca se apartará de tu boca este libro de la ley, sino que de día y de noche meditarás en él, para que guardes y hagas conforme a todo lo que en él está escrito; porque entonces harás prosperar tu camino, y todo te saldrá bien.* (Josué 1:8)

Cuando Dios guió a los hijos de Israel hasta la Tierra Prometida, le dijo a su líder, Josué, que su Palabra debía estar constantemente en sus pensamientos y en sus palabras para que se aseguraran de obedecer todo lo que Él les había mandado hacer. Obedecer a Dios es esencial para cosechar sus bendiciones. De hecho, la única manera de poder conocer su voluntad para nuestras vidas, para nuestras actitudes, para nuestra manera de hablar y para nuestra conducta, es conociendo su Palabra y recordándola constantemente.

Por eso es importante que usted esté personalmente en la Palabra de Dios cada día, leyéndola, meditando en su significado e impacto en su vida, y declarándola sobre usted mismo, su familia y sus circunstancias. Cuando se disciplina para declarar la Palabra de Dios, poniéndose de acuerdo con su poder y verdad, se convertirá en una parte de sus pensamientos, sus actitudes y su forma de hablar; y eso transformará su vida.

Hay una cita que dice:

> Cuide sus pensamientos, porque se convertirán en palabras.
> Cuide sus palabras, porque se convertirán en acciones.
> Cuide sus acciones, porque se convertirán en hábitos.
> Cuide sus hábitos, porque se convertirán en carácter.
> Cuide su carácter, porque se convertirá en su destino.
> —Anónimo

Hay una progresión en su vida que comienza con lo que hay en su corazón y su mente. ¿Está llenando su mente con horas de televisión, música y películas seculares, basura de la Internet y cosas semejantes? Si es así, eso es con lo que finalmente se pondrá de acuerdo. Llenará sus pensamientos, saldrá a través de sus palabras, influenciará sus acciones y finalmente definirá su carácter y destino.

Jesús dijo: *"Porque de la abundancia del corazón habla la boca"* (Mateo 12:34). Su lengua tiene poder de hablar tanto vida como muerte. Si llena su corazón con cosas que le atan, cosas que son destructivas, eso lo que puede esperar a cambio. Por el contrario, si llena su mente con la poderosa Palabra de Dios que da vida, ¡entonces su mente, su corazón y sus palabras se pondrán de acuerdo con la Palabra de vida! Su boca se convertirá en un manantial de las bendiciones de Él, tanto para usted como para otros.

La Palabra de Dios es un poder creativo, y es imposible que no dé fruto.

> *Así será mi palabra que sale de mi boca; no volverá a mí vacía, sino que hará lo que yo quiero, y será prosperada en aquello para que la envié.* (Isaías 55:11)

Cuando la Palabra de Dios sale, siempre logrará el propósito para el que Él la envió.

Cuando la Palabra de Dios sale, siempre logrará el propósito para el que Él la envió. ¡Siempre prosperará! Así, si la Palabra de Dios está obrando en su corazón y en su conversación, puede estar seguro de que su vida estará en acuerdo con Dios, ¡y que usted prosperará!

Ponerlo en práctica

En estos tiempos, con tantas personas experimentando dificultades y pruebas, Dios no quiere que usted camine sin protección o sin las armas adecuadas para luchar la guerra contra el enemigo.

Quiere que tenga *"la espada del Espíritu, que es la palabra de Dios"* (Efesios 6:17) obrando de manera activa y poderosa en su vida. Quizá se pregunte: "A mí también me gustaría eso, pero ¿cómo empiezo?". La respuesta es simple: comience a llenar su corazón y su mente de la Palabra de Dios y a declararla sobre cualquier área clave de su vida.

Una manera muy práctica de comenzar es reuniendo versículos clave que hablen acerca de dónde se encuentra usted ahora. Conviértalos en declaraciones poderosas que cambiarán su vida. Por ejemplo:

La Palabra de Dios declara:

> *Al que no conoció pecado* [Jesús], *por nosotros* [Dios] *lo hizo pecado, para que nosotros fuésemos hechos justicia de Dios en él.* (2 Corintios 5:21)

Usted declara:

> "Soy la justicia de Dios en Cristo Jesús".

La Palabra de Dios declara:

> *De modo que si alguno está en Cristo, nueva criatura es; las cosas viejas pasaron; he aquí todas son hechas nuevas.*
> (2 Corintios 5:21)

Usted declara:

> "Estoy en Cristo y, por tanto, soy una nueva creación, una nueva persona. Todos los patrones viejos y destructivos de mi vida pasada han pasado. Dios ha llenado mi vida con nuevos pensamientos, nuevos motivos, nuevas acciones, nuevas palabras y nuevas bendiciones de abundancia".

La Palabra de Dios declara:

Ninguna arma forjada contra ti prosperará, y condenarás toda lengua que se levante contra ti en juicio. Esta es la herencia de los siervos de Jehová, y su salvación de mí vendrá, dijo Jehová.
(Isaías 54:17)

Usted declara:

"Ningún arma que el diablo, ni nadie en la tierra, use para intentar dañarme u obstaculizarme prosperará. Cada palabra que se levante contra mí en juicio, la maldigo y rechazo, en el nombre de Jesús. Soy un siervo de Dios, y estoy plenamente justificado en mi posición en la justicia de Cristo Jesús".

La Palabra de Dios declara:

Mi Dios, pues, suplirá todo lo que os falta conforme a sus riquezas en gloria en Cristo Jesús. (Filipenses 4:19)

Usted declara:

"Dios suplirá cada una de las necesidades que tenga, física, espiritual, económica o de cualquier otro tipo, gracias a su abundancia. No temeré la carencia, porque Él ha prometido ser mi proveedor, en el nombre de Jesús".

Estos son tan solo cuatro versículos cortos pero poderosos de la Biblia. La Palabra de Dios está llena de infinitos recursos de verdad y poder para todas sus necesidades. Lo único que tiene que hacer es acceder a su Palabra en su vida. Él ha prometido que no volverá de vacío sino que logrará el propósito para el que Él la envió: bendición y plenitud para su vida.

El corazón de Él está lleno de amor y misericordia por usted, como quedó patente mediante sacrificio de su Hijo en el Calvario. Mediante ese regalo perfecto de la salvación, usted ha entrado en una comunión con el Padre que le da toda la autoridad para declarar su Palabra y ver resultados en sus circunstancias.

Dios es fiel. Él no puede retraerse de su Palabra de promesa para usted. ¡Créalo y recíbalo!

Parte II:

Familia

De toda forma imaginable, la familia es un vínculo con nuestro pasado, un puente a nuestro futuro.

—Alex Haley
Autor de *Roots*

La familia de la que usted procede no es tan importante como la familia que va a tener.

—Ring Lardner
Periodista y guionista

Uno no escoge su familia. Ellos son un regalo de Dios para usted, así como usted lo es para ellos.

—Desmond Tutu
Premio Nobel de la paz y arzobispo anglicano

Capítulo 9

Hay hambre en la tierra

La mañana del 23 de enero de 1996, Joe Wright, pastor principal de la iglesia Central Christian en Wichita, Kansas, se puso en pie ante los miembros de la Cámara de Representantes de Kansas para ofrecer una oración de bendición que escribió Bob Russell, pastor de la iglesia Southeast Christian, en Louisville, Kentucky. Fue para dar guía espiritual antes de que los legisladores del estado comenzaran una nueva sesión legislativa. Lo que los oficiales elegidos reunidos esperaban, imagino yo, era una oración vaga y general, ofrecida a un Dios no identificado y poco específico, una oración llena de retórica inofensiva, segura y "políticamente correcta". Lo que el colectivo bipartidista de legisladores escucharon en vez de eso fue un sincero llamado de un hombre humilde a un arrepentimiento nacional, una apelación sensata a la misericordia de Dios en una nación y un pueblo que habían perdido su camino.

No es de extrañar que la sencilla súplica de Wright, hecha sin engaño ni inclinación política alguna, llenara a un segmento de los legisladores de ira por su "intolerancia" e "insensibilidad" hacia los muchos individuos y grupos cuyas conductas y estilos de vida fueron expuestos como pecaminosos mediante su oración. El hecho de que la intercesión de este pastor se convirtiera en noticia nacional e internacional, y que hasta la fecha la reciten tanto clérigos como laicos igualmente debido a la efectividad con que define el continuo deterioro espiritual de nuestra nación, es una demostración poderosa de que millones de estadounidenses reciben el espíritu de arrepentimiento que contenía su oración. Seguidamente, palabra por palabra, está la oración de Bob Russell, según la leyó el pastor Wright esa mañana:

Padre celestial, venimos ante ti hoy para pedirte perdón y buscar tu dirección y tu guía.

Sabemos que tu Palabra dice: "*¡Ay de los que a lo malo dicen bueno…!*" (Isaías 5:20), pero eso es exactamente lo que hemos hecho.

Hemos perdido nuestro equilibrio espiritual e invertido nuestros valores.

Confesamos que…

Hemos ridiculizado la verdad absoluta de tu Palabra y la hemos llamado pluralismo moral.

Hemos adorado a otros dioses y lo hemos llamado multiculturalismo.

Hemos respaldado la perversión y la hemos llamado un estilo de vida alternativo.

Hemos explotado a los pobres y lo hemos llamado la lotería.

Hemos sido negligentes con los necesitados y lo hemos llamado autopreservación.

Hemos recompensado la holgazanería y lo hemos llamado asistencia social.

Hemos matado a nuestros fetos y lo hemos llamado decisión.

Hemos disparado a los abortistas y lo hemos llamado justificable.

Hemos sido negligentes en disciplinar a nuestros hijos y lo hemos llamado edificar la estima.

Hemos abusado del poder y lo hemos llamado inteligencia política.

Hemos codiciado las posesiones de nuestro prójimo y lo hemos llamado ambición.

Hemos contaminado el aire con irreverencia y pornografía y lo hemos llamado libertad de expresión.

Hemos ridiculizado los valores honrados por el tiempo de nuestros antepasados y lo hemos llamado iluminación.

Examínanos, oh Dios, y conoce hoy nuestros corazones; pruébanos y ve si hay maldad en nosotros; límpianos de todo pecado y libéranos.

Guía y bendice a estos hombres y mujeres que el pueblo de Kansas ha enviado aquí, y que han sido ordenados por ti para gobernar este gran estado.

Concédeles tu sabiduría para gobernar y que sus decisiones nos dirijan hacia el centro de tu voluntad. Te lo pido en el nombre de tu Hijo, el Salvador viviente, Jesucristo. Amén.[12]

Había una vez en América

Lo crea o no, hubo una época en nuestra nación en que la brújula moral y la fortaleza espiritual mostrada por el pastor Wright eran la norma, y no la excepción, para los líderes cristianos. De hecho, durante la mayor parte de la historia de esta nación, pastores y sacerdotes eran considerados líderes importantes, tanto localmente como nacionalmente. Ellos consideraban su tarea divinamente encomendada el hablar desde sus púlpitos, desde plazas públicas, mediante los periódicos o en cualquier otro lugar que surgiera, predicando y aportando consejo piadoso sobre la moral y los asuntos espirituales que afectaban a América, a sus comunidades y a sus gentes.

Piense, por ejemplo, en los hombres y las mujeres de mediados del siglo XIX que alzaron su voz en contra de la esclavitud, una práctica impronunciable que iba directamente en contra de la aseveración de la Declaración de Independencia de que "todos los hombres son creados iguales, que han recibido de su Creador ciertos derechos inalienables".

Hubo una época en América en que asuntos nacionales tan urgentes como los que ahora actúan intentando destruir nuestra sociedad, como la legalización del aborto, la conducta homosexual y la prohibición de la oración en las escuelas públicas, habrían producido una rápida y justa condenación en casi cada rincón de la comunidad cristiana de América.

No es así en la actualidad. Aunque hay un pequeño colectivo de individuos y grupos preocupados que están hablando claramente para conseguir un regreso a la buena herencia de América, por lo general, los líderes cristianos hoy día han centrado su atención casi exclusivamente en lo que ocurre dentro de las paredes de sus propias iglesias. Los programas y agendas de la iglesia a menudo se diseñan exclusivamente para aumentar el número de personas que se sientan en los bancos cada domingo y para mantener a las familias involucradas en la vida de la congregación, mientras que se dedican pocos esfuerzos al objetivo más importante de involucrar sus corazones en la búsqueda de conocer a Dios y vivir vidas santas.

Y lo que es peor aún, algunas de las denominaciones con más historia de América, muchas de las cuales ayudaron a abrir el camino en el estatus de América como una nación piadosa y temerosa de Dios, ahora han abandonado casi por completo la Palabra de Dios como su máxima autoridad, poniendo osadamente su sello de aprobación sobre conductas que condena la Escritura.

Piense, por ejemplo, que en agosto de 2009, la iglesia luterana evangélica en América (ELCA), la denominación luterana más grande del país, con unos 4,8 millones de miembros, votó para permitir que hombres y mujeres homosexuales no célibes se convirtieran en ministros ordenados en sus congregaciones. Muchos observadores pensaron que fue algo más que mera coincidencia que en el mismo día del voto, un tornado sacudiera el centro de convenciones de la ciudad de Minneapolis donde se estaba realizando el voto, dañando seriamente una cruz en el tejado de una iglesia localizada en la misma calle.

Otras denominaciones cristianas en otros tiempos muy respetadas han seguido el mismo camino, no solo haciendo caso omiso de la condenación de la Escritura de tal conducta, sino también celebrando el pecado y la inmoralidad en la iglesia e incluso enseñando a los niños y a los jóvenes que tal conducta es aceptable.

> *Si fueren destruidos los fundamentos, ¿qué ha de hacer el justo?* (Salmo 11:3)

Ataque a los fundamentos

No es solo el ámbito de la conducta y la pecaminosidad manifiesta lo que ha socavado la fe cristiana en América. Los fundamentos mismos de lo que significa ser cristiano parecen estar siendo atacados. Uno de los ejemplos más descarados de esto sucedió en el verano de 2009, cuando el obispo dirigente de una de las principales denominaciones de América etiquetó de "herejía" la clara premisa bíblica de que "podemos ser salvos como individuos, que cualquiera de nosotros puede tener una buena relación con Dios".[13] El obispo también pareció denigrar la idea de que las palabras personales de arrepentimiento y aceptación de Cristo como Salvador y Señor pueden salvar a un individuo, etiquetando tal oración de "fórmula verbal" que se asemeja a "una forma de idolatría".[14]

Tal declaración de un supuesto siervo de Dios, una persona llamada a ofrecer consejo y dirección a las personas que están espiritualmente buscando, es simplemente inaceptable. En un grado aún mayor, se están enseñando a individuos y familias errores y mentiras cuando lo que necesitan es verdad y un fundamento sólido para la vida y la eternidad. La Biblia deja muy claro que nuestras palabras, declaradas individualmente, son cruciales para nuestra salvación.

> *Que si confesares con tu boca que Jesús es el Señor, y creyeres en tu corazón que Dios le levantó de los muertos, serás salvo.*
>
> (Romanos 10:9)

En este versículo, el apóstol Pablo dice claramente que si nosotros, como individuos, hacemos una confesión personal del señorío de Cristo en nuestra vida y creemos en nuestro corazón las verdades del evangelio, nosotros, como individuos, seremos salvos. La Biblia es clara cuando dice que Jesucristo vino y murió para salvar a pecadores de manera individual. Ofrecer a la gente cualquier otra cosa que no sea la esperanza del evangelio de Jesucristo es una receta para el desastre en nuestro corazón, en nuestro hogar y en nuestra nación.

> Una vida santa producirá la más honda impresión. De igual forma que los faros no emiten sonidos; tan solo brillan.
>
> —D. L. Moody

Igual que el mundo

El investigador cristiano George Barna ha empleado años sondeando la condición moral y espiritual de América. En un convincente estudio, observó con alarma que, cada vez más, quienes se consideran a sí mismos cristianos se están comportando cada vez más como el mundo, adoptando sus actitudes, sus estilos y sus acciones. Aunque somos llamados a ser sal y luz (véase Mateo 5:13–16), influenciando a los que nos rodean con el amor que transforma vidas y con la autoridad de Dios, demasiados creyentes se están dejando vencer por la oscuridad del mundo y se ven atrapados en estilos de vida de los que deberían ser libres. Barna observó que, al no tener "la influencia amorosa, autoritativa, sanadora e irresistible"[15] que generaciones anteriores encontraban en iglesias basadas en las verdades de la Palabra de Dios, los americanos están, en líneas generales, "reconstruyendo una versión personalizada de la fe"[16] que encaje con su cosmovisión. Y tal movimiento está causando estragos en nuestros hogares, nuestras comunidades y en nuestra nación en general.

Mientras que la fe solía estar fundada sólidamente sobre la Palabra de Dios y las tradiciones de una iglesia basada en la Biblia, la fe que abrazan muchos individuos en la actualidad pone el yo en el centro. "Hemos desmitificado a Dios, nos hemos hecho amigos de Jesús, hemos abandonado al Espíritu Santo y hemos perdonado e incluso animado a Satanás", destacó Barna. "Pocos americanos poseen un sentimiento de respeto, temor o admiración con respecto a Dios".[17]

Dirigiéndose a la Asociación de la Prensa Evangélica en 2009, Barna dijo:

> Pocos americanos poseen un sentimiento de respeto, temor o admiración con respecto a Dios. Simplemente piensen en

el cambio de lemas que caracteriza a nuestra nación. Hablamos acerca de una nación bajo Dios, pero hoy realmente somos una nación bajo el yo, a veces asistida por uno o más dioses. Cambiamos de una nación que dijo "Confiamos en Dios" a "Confiamos en la realidad y el yo". Hemos pasado de ser una tierra de libres y el hogar de los valientes, a ser ahora la tierra de los endeudados y el hogar de los autoindulgentes. También hemos pasado de una tierra que cree que puedes ser todo lo que puedes ser a pensar en consigue todo lo que puedas.[18]

Familias que se alejan de la fuente de verdad

Aunque ha habido muchos factores que han contribuido a este grave deterioro de los valores que una vez hicieron fuerte a América, creo que quizá el más crucial ha sido un alejamiento sistemático de una atención activa y enfática a la Palabra de Dios en nuestras iglesias y su consiguiente alejamiento de Dios en nuestros hogares y familias.

Piense que, durante los últimos veinte años, se ha producido un éxodo gradual de americanos de la iglesia. Las estadísticas muestran que la asistencia general a la iglesia en América ha descendido desde el 49 por ciento en 1991 a solo 40 por ciento en 2011, lo cual significa que casi uno de cada cinco individuos dejaron de asistir a la iglesia en ese tiempo. En 1991, el 24 por ciento de los adultos americanos no iban a la iglesia. Hoy, esa cifra ha aumentado al 37 por ciento, un aumento de más del 50 por ciento.[19]

Estudios realizados por el Grupo Barna han desgajado este éxodo por generaciones. Para los "Ancianos", todos aquellos que nacieron entre 1927 y 1945, el porcentaje de los que no asisten a la iglesia ha aumentado del 21 por ciento en 1991 al 29 por ciento en 2011. Para los "Baby Boomers", los nacidos entre 1946 y 1964, los datos son aún peores. Su asistencia a la iglesia descendió el 12 por ciento durante ese mismo período. El porcentaje de personas que no van a la iglesia de este grupo ha pasado del 23 por ciento en 1991 al 41 por ciento en 2011, haciendo que sean los que menos probabilidades tienen de asistir a la iglesia de todas las generaciones estudiadas. Las personas del "Baby Busters" que no van a la iglesia, nacidos entre 1965 y 1983, pasaron de 31 por ciento en 1991 al 39 por ciento.[20]

Y aunque los "Milenarios", nacidos en 1984 o después, eran solo niños en 1991, un estudio realizado por Pew Forum alberga poca esperanza para el futuro, demostrando que solo el 18 por ciento de estos jóvenes asisten semanalmente a servicios religiosos de algún tipo.[21]

Tales estadísticas demuestran que una gran mayoría de estadounidenses han llegado creer que lo que ocurre dentro de una iglesia dada tiene poca relevancia para sus vidas. En muchos casos, podrían tener razón. Después de todo, si las denominaciones que antes predicaban la Palabra de Dios desde sus púlpitos ahora toman decisiones que entran en conflicto con lo que está en sus páginas, e incluso cuestionan si es divinamente inspirada o no, ¿es de extrañar que el americano promedio llegue a la conclusión de que la iglesia no tiene nada importante que ofrecer?

El resultado de este éxodo masivo de muchas de las iglesias "irrelevantes" de hoy es individuos y familias que están espiritualmente sin timón en un mundo cada vez más confuso que declara: "¡No hay absolutos! ¡Cree lo que quieras y haz lo que te parezca bien!".

Nos estamos muriendo de hambre por la Palabra de Dios; pero hay una manera de volver a ser una nación fuerte una vez más, una nación con individuos, familias y comunidades piadosas.

En desacuerdo con el plan de Dios

Al igual que los Estados Unidos, un país que ha sido bendecido por Dios de tantas maneras, la antigua nación de Israel era la receptora del gran favor de Dios. De hecho, Israel había sido escogida por Dios para ser una nación especial, una nación que mostraría la compasión y bondad de Él a todas las naciones del mundo. Dios los había educado para conocerle, para seguir sus caminos y para vivir por encima del mal y la maldad en la que el resto del mundo había estado caminando. Dios le dijo a Israel que había de ser un pueblo santo; es decir, por encima del pecado en todas sus formas, porque ese era el carácter de Él, y ellos eran su pueblo escogido.

> *Sé santo porque yo, el Señor, soy santo. Te he separado de las demás naciones para que seas mío.* (Levítico 20:26, NTV)

Desgraciadamente, la historia de Israel demuestra un desacuerdo continuo con los caminos de Dios. De hecho, a lo largo de gran parte del Antiguo Testamento, los hijos de Israel, al igual que muchos cristianos hoy día, permitieron que el pecado y la maldad de los pueblos circundantes influyeran en sus propias actitudes y conducta. En vez de adorar solo a Dios, muchos de ellos comenzaron a adorar ídolos y a incorporar extrañas costumbres religiosas.

En su misericordia, Dios tuvo paciencia con ellos, enviando profetas y mensajeros para advertirles de las consecuencias de su pecado. Su mensaje era este: "Arrepiéntanse de sus malos caminos. Vuelvan a mis caminos. Síganme, y yo continuaré bendiciendo. Si no, recibirán mi dura disciplina, una disciplina que retirará todas las bendiciones que les he dado, para que en su miseria y sufrimiento regresen a mí, y yo les sane".

Dios envió a su pueblo a un humilde mensajero llamado Amós. Dios eligió a este agricultor y pastor para un propósito específico: advertir a la nación de Israel que se arrepintiera de su orgullo y estilo de vida de comodidad, el cual les había hecho alejarse de Dios.

Cuando Dios situó al principio a Israel para ser su pueblo, les dijo que todas las maravillosas bendiciones que iba a derramar sobre ellos, como tierras, casas, comida y riqueza, tendrían el potencial de convertirles en un pueblo perezoso y satisfecho.

> *Sin embargo, ¡ese es el momento cuando debes tener mucho cuidado! En tu abundancia, ten cuidado de no olvidar al Señor tu Dios al desobedecer los mandatos, las ordenanzas y los decretos que te entrego hoy. Pues cuando te sientas satisfecho y hayas prosperado y edificado casas hermosas donde vivir, cuando haya*

> *aumentado mucho el número de tus rebaños y tu ganado, y se haya multiplicado tu plata y tu oro junto con todo lo demás, ¡ten mucho cuidado! No te vuelvas orgulloso en esos días y entonces te olvides del Señor tu Dios, quien te rescató de la esclavitud en la tierra de Egipto. No olvides que él te guió por el inmenso y terrible desierto, que estaba lleno de escorpiones y serpientes venenosas, y que era tan árido y caliente. ¡Él te dio agua de la roca! En el desierto, te alimentó con maná, un alimento desconocido para tus antepasados. Lo hizo para humillarte y para ponerte a prueba por tu propio bien. Todo esto lo hizo para que nunca se te ocurriera pensar: "He conseguido toda esta riqueza con mis propias fuerzas y energías".* (Deuteronomio 8:11–17, NTV)

Setecientos años después, el pueblo de Dios había olvidado sus mandamientos, había ignorado su Palabra, había perseguido su propia agenda y comodidad, y estaba posicionado para hacer frente a las consecuencias de sus acciones.

> *Ciertamente se acerca la hora —dice el Señor Soberano— cuando enviaré hambre a la tierra, no será hambre de pan ni sed de agua, sino hambre de oír las palabras del Señor.*
> (Amós 8:11, NTV)

El profeta Amós les dijo que por haber olvidado a Dios, iban a sufrir una hambruna, pero no sería una hambruna común de agua y comida. Esta hambruna sería mucho peor porque significaría que su Dios guardaría silencio. Esta hambruna sería de silencio: la incapacidad de oír la voz de Dios de verdad y consejo.

Uno puede leer estas palabras y pensar: *¡Caramba! Eso no parece tan malo. Al menos seguían teniendo comida, cobijo y el resto de la abundancia que Dios les había dado. ¿Qué malo puede ser que Dios guarde silencio durante un tiempo?*

Para la nación de Israel, era algo devastador. Eran un pueblo que, lo supieran o no, dependían de la guía de Dios. Comenzando desde Moisés, los israelitas habían sido bendecidos con varios líderes fiables que escuchaban de Dios y les señalaban en la dirección correcta. Siempre que se desviaban del camino de Dios y experimentaban el sufrimiento debido a su propia desobediencia, Dios siempre les había levantado un líder para ayudarles a corregir su curso.

Cuando Dios le dijo a Israel que sufrirían una hambruna *"de oír las palabras del Señor"*, significaba, en efecto, que serían condenados a un futuro de confusión, fracaso y derrota.

Morir de hambre en medio de la abundancia

Hoy día, muchos individuos, familias e incluso congregaciones están sufriendo su propia hambruna de la Palabra de Dios. Quizá suene absurdo, especialmente con la gran cantidad de enseñanza y recursos que los cristianos estadounidenses tienen a su disposición. Actualmente, estamos bendecidos con una oferta casi ilimitada de Biblias, libros devocionales, CD, DVD y otros recursos sobre cualquier tema imaginable. Tenemos acceso a miles de páginas web cristianas, así como radio y televisión cristiana, que ofrecen sabiduría de los mejores maestros y predicadores del mundo. En muchas comunidades hay reuniones, seminarios y otras oportunidades semanales para estudiar y conocer lo que Dios nos dice en muchos niveles. En pocas palabras, comparado con las generaciones de nuestros padres y abuelos, y especialmente comparado con otras naciones del mundo, tenemos oportunidades diarias de disfrutar de un auténtico festín de la Palabra transformadora de Dios.

Entonces ¿cómo es que muchos cristianos hoy día parecen estar tan inmaduros en los caminos de Dios? ¿Por qué hay muchos individuos y familias caminando en confusión y esclavitud, cosas de las que deberíamos estar libres según nos dice la Biblia? ¿Por qué tantas personas no conocen ni siquiera los elementos más básicos de la fe cristiana? La respuesta es que no están acudiendo a la Palabra de Dios por ellos mismos. No es nada menos que una hambruna autoimpuesta. Mediante las ocupaciones, los afanes de este mundo, la atención a otros intereses y la búsqueda del lujo y la tranquilidad, muchos cristianos se están privando a sí mismos de las verdaderas riquezas que Dios tiene para ellos.

> **Mediante las ocupaciones, los afanes de este mundo, la atención a otros intereses y la búsqueda del lujo y la tranquilidad, muchos cristianos se están privando a sí mismos de las verdaderas riquezas que Dios tiene para ellos.**

El profeta Amós fue testigo de un estado similar en su propia época. Al mirar a su alrededor, este humilde hombre de Dios se dolió al ver a sus compatriotas consumidos por sus propias búsquedas, intentando adelantarse, vivir para el lujo, ciegos a las advertencias de Dios de que tal conducta y actitudes les incapacitarían espiritualmente y guiarían a su nación a un estado de gran peligro.

Repito: en América estamos cambiando rápidamente de la "tierra de los libres y el hogar de los valientes" a una nación de personas egocéntricas que se ahogan en la deuda, viven para el placer y están consumidas por los afanes de este mundo. Esto es, creo yo, a lo que Jesús se refería cuando contó la parábola del sembrador en Lucas 8. En ella, nos enseñó acerca de sembrar la buena semilla en diferentes tipos de tierra, obteniendo diferentes resultados.

> *La que cayó entre espinos, éstos son los que oyen, pero yéndose, son ahogados por los afanes y las riquezas y los placeres de la vida, y no llevan fruto.* (Lucas 8:14)

Muchos cristianos actualmente son como las semillas sembradas entre espinos. Escuchan la Palabra de Dios de forma regular, e incluso puede que la reciban con gozo, pero interiormente, las verdades eternas que escuchan tienen un impacto muy pequeño en ellos porque sus vidas están consumidas por los afanes terrenales y la búsqueda de riquezas y placeres.

¿Cree usted que encaja en esta descripción? ¿Tiene un profundo deseo de amar y servir a Dios pero al mismo tiempo se da cuenta de que está atado por las cosas de este mundo? En el libro de Apocalipsis, Jesús advirtió a la iglesia de lo que ocurriría si no se alejaban firme y enfáticamente de su doble ánimo: "*Pero por cuanto eres tibio, y no frío ni caliente, te vomitaré de mi boca*" (Apocalipsis 3:16).

Quizá le parezca sorprendente un ultimátum así procedente de un Dios que declara que ama a todas las personas y que no quiere que ninguno perezca; pero los que encajan en tal descripción no tienen utilidad para el reino de Dios porque nunca maduran. Son debiluchos espirituales porque las cosas de este mundo les impiden alimentarse regularmente de la Palabra de Dios: lo único que tiene valor. Al final, ven que es imposible declarar su total lealtad al Señor Jesucristo.

Transigencia moral y espiritual

El apóstol Pablo enfatizó la importancia de que el pueblo de Dios permanezca íntegro en su conducta y estilo de vida: "*No se asocien íntimamente con los que son incrédulos. ¿Cómo puede la justicia asociarse con la maldad? ¿Cómo puede la luz vivir con las tinieblas?*" (2 Corintios 6:14, NTV). Los cristianos son llamados a ser la luz de Cristo en este mundo. Sin embargo, en vez de ser la luz, muchos cristianos transigen en su fe y aceptan los mismos estilos de vida oscuros de los incrédulos, viendo las mismas películas y programas de televisión violentos y sucios, escuchando la misma música demoniaca y practicando los mismos comportamientos que alejan de la luz. Pregúntese: *¿Estoy permitiendo cosas en mi casa por medio de la Internet, revistas, DVD, música y otros medios que me perjudicarán espiritualmente tanto a mí como mi familia?*

En lugar de ser la sal y la luz que cambiarán al mundo mediante el amor de Cristo, muchos cristianos han permitido que sea el mundo el que les cambie a ellos. Han permitido que las normas de este mundo se conviertan en las suyos propias, ignorando la única norma que tiene algún valor o relevancia: la Palabra de Dios. Debemos regresar a la Palabra del Señor. *"Por lo tanto, salgan de entre los incrédulos y apártense de ellos, dice el Señor. No toquen sus cosas inmundas, y yo los recibiré a ustedes"* (2 Corintios 6:17, NTV).

La única manera de volver a tener iglesias y familias fuertes es a través de la Palabra de Dios actuando poderosamente en nuestro corazón y nuestra vida. El escritor de Hebreos comparó la Palabra de Dios con una espada afilada que puede penetrar hasta el corazón de los problemas en nuestra vida que necesitamos tratar.

> *Porque la palabra de Dios es viva y eficaz, y más cortante que toda espada de dos filos; y penetra hasta partir el alma y el espíritu, las coyunturas y los tuétanos, y discierne los pensamientos y las intenciones del corazón.* (Hebreos 4:12)

A fin de resistir al mundo y ser la luz de Cristo para otros, necesitamos permitir a Dios la libertad de realizar la cirugía necesaria en nuestros corazones.

Volver a venerar a Dios

Hoy día, creo que estamos ante una encrucijada en la vida espiritual de América, así como en la supervivencia de nuestras familias. Un camino nos llevará por la senda de la continua destrucción, olvidando el consejo de Dios con relación a la transigencia con el mundo. El otro camino, el que Jesús llamó *"angosto"* (Mateo 7:13–14; Lucas 3:24), llevará a nuestras familias, iglesias, comunidades y nación de vuelta a la compasión y la abundancia que Dios ha prometido a través de su Hijo.

Estar en el camino de la vida y la bendición demanda dos condiciones del corazón:

1. Profunda veneración a Dios.
2. Fe en la Palabra de Dios

Venerar a Dios, lo que en la Biblia también llama *"el temor de Jehová"* (Proverbios 9:10), es el fundamento de la sabiduría y el conocimiento que necesitamos para encontrar el éxito y el destino para los que Dios nos ha creado. Proverbios nos dice que vivir venerando a Dios nos asegurará que Él nos proteja y guíe cada uno de nuestros pasos.

> *El temor de Jehová es para vida, y con él vivirá lleno de reposo el hombre; no será visitado de mal.* (Proverbios 19:23)

Muchos cristianos con quienes me encuentro hoy día necesitan regresar a un sano temor de Dios. Han estado demasiado tiempo entre dos aguas, intentando vivir como hijos de Dios a la vez que seguían un estilo de vida que saben que no le agrada. El temor de Dios, una profunda veneración y deseo de agradarle en todo nuestros caminos, trae con él la motivación para alejarnos del mal. También produce el deseo de conocer más a Dios, el cual, a su vez, nos llevará de regreso a su Palabra; y cuando regresemos a la Palabra de Dios, la hambruna terminará, y nuestra fe en Él volverá a crecer.

El temor de Dios, una profunda veneración y deseo de agradarle en todo nuestros caminos, trae con él la motivación para alejarnos del mal.

La manera de regresar a la veneración y el temor de Dios demanda que todos analicemos seriamente nuestras vidas, permitiendo que el Espíritu Santo vierta su luz en cada área, mostrándonos dónde necesitamos arrepentirnos de comportamientos pecaminosos y experimentar transformación. Necesitamos orar como lo hizo el Rey David:

> *Examíname, oh Dios, y conoce mi corazón; pruébame y conoce los pensamientos que me inquietan. Señálame cualquier cosa en mí que te ofenda y guíame por el camino de la vida eterna.*
> (Salmo 139:23–24, NTV)

Fin de la hambruna

Este es el momento de regresar a Dios, de terminar con la hambruna de oír su Palabra, y de volver a tener iglesias y familias fuertes y espiritualmente vibrantes. Como dijo el apóstol Pablo: "*Así que la fe es por el oír, y el oír, por la palabra de Dios*" (Romanos 10:17).

Cuando el oír y el prestar atención se arraiga dentro de nosotros, la Palabra de Dios se vuelve poderosa en nuestra vida. Jesús dijo: "*El espíritu es el que da vida; la carne para nada aprovecha; las palabras que yo os he hablado son espíritu y son vida*" (Juan 6:63). Si sus palabras permanecen en usted, si las escucha y atesora en su corazón, entonces el Espíritu Santo de Dios le capacitará para vivir en la verdadera victoria y abundancia que Cristo le dio con su muerte y resurrección.

Dios quiere que amemos su Palabra porque, cuando lo hacemos, nos enamoramos más de Él. Esa, claro está, es la razón por la que Él nos creó. De hecho, nos ordenó amarle con todo nuestro corazón, alma, mente y fuerza (véase Marcos 12:30). En otras palabras, debemos amar a Señor agresivamente y enfáticamente, poniéndole a Él en primer lugar en nuestra vida. Eso ocurrirá solo amando su Palabra porque es la única manera en que podemos conocer verdaderamente el carácter y la persona de nuestro Señor.

Quizá nadie representado en la Escritura amó la Palabra de Dios más que el Rey David. Hizo de ello su máxima prioridad porque sabía que de ella destilaba toda la sabiduría y el conocimiento que necesitaba para la vida. Como declaró el salmista: "*¡Oh, cuánto amo yo tu ley! Todo el día es ella mi meditación*" (Salmo 119:97).

David nos dio una mina de entendimiento acerca del valor de la Palabra de Dios.

> *La ley de Jehová es perfecta, que convierte el alma; el testimonio de Jehová es fiel, que hace sabio al sencillo. Los mandamientos de Jehová son rectos, que alegran el corazón; el precepto de Jehová es puro, que alumbra los ojos. El temor de Jehová es limpio,*

> *que permanece para siempre; los juicios de Jehová son verdad, todos justos.* (Salmo 19:7–9)

Según este pasaje, la Palabra de Dios...

- puede convertir nuestra alma.
- puede hacernos sabios.
- puede traer gozo a nuestro corazón.
- nos da la sabiduría necesaria para el viaje de nuestra vida.
- nunca cambia.
- es la vara de medir absoluta de verdad y justicia.

David incluso declaró que la Palabra de Dios es "*deseable... más que el oro, y más que mucho oro afinado; y dulces más que miel, y que la que destila del panal*" (Salmo 19:10).

¡Tome la decisión!

¿Le gustaría tener ese tipo de pasión por la Palabra de Dios? ¿De qué forma cambiaría su vida si desarrollará un amor absoluto por la Palabra de Dios y le diera más importancia que a cualquier otra prioridad o posesión en su vida? Eso no ocurre por accidente. Ocurre de manera intencional cuando le pide a Dios hambre por su Palabra y por sus caminos. Ocurre cuando le pide a Dios una intimidad más profunda con Él y que despoje su vida de las cosas de este mundo.

Quiero invitarle a que haga de esta búsqueda el clamor de su corazón. Le cambiará personalmente, transformará a su familia y le hará ser un "sacudidor" clave para ver avivamiento y transformación en su iglesia, su comunidad y su nación.

¿Haría la siguiente oración, haciendo de ella una petición personal a su Padre celestial, para realizar una obra duradera en su interior?

> Padre, te pido que me des un profundo deseo por tu Palabra eterna y transformadora, para que conocerte, amarte y ver venir tu reino y tu voluntad establecida se conviertan en mi

única motivación en la vida. Señor, transfórmame tanto a mí como a mi familia, mi iglesia, mi vecindario, mi comunidad y mi nación mediante tu Palabra de vida. Oro en el nombre de Jesús, amén.

Capítulo 10

Unos cimientos en crisis

Hoy día nadie discute que muchos de los cimientos que son cruciales para una sociedad fuerte y estable están sufriendo ataques como nunca antes. En ningún lugar ha sido más evidente que en el actual asalto contra las familias tradicionales en América. Hubo un tiempo en que se entendía claramente que un pilar clave para cualquier sociedad próspera, productiva y fuerte era la unidad familiar, compuesta por un hombre, una mujer y sus hijos. Desgraciadamente, ese entendimiento ya no parece ser el caso. De hecho, las ideas tradicionales del matrimonio y la familia se han convertido en un objetivo principal para quienes les gustaría equiparar estas instituciones sagradas con estilos de vida alternativos, como las relaciones homosexuales y otras conductas moralmente destructivas.

En su libro *God, Marriage and Family: Rebuilding the Biblical Foundations* [Dios, matrimonio y familia: Reconstruyendo los cimientos bíblicos], Andreas J. Köstenberger destaca que en la caótica atmósfera política y social de hoy día,

> ...por primera vez en la historia, la civilización occidental se ve ante la necesidad de definir el significado de los términos "matrimonio" y "familia". Lo que hasta ahora se había considerado una familia "normal", compuesta por un padre, una madre y un número de hijos, en años recientes ha comenzado cada vez más a verse como una opción entre varias, con lo que ya no puede afirmar ser la única forma o la superior de ordenar las relaciones humanas. La idea judeocristiana del matrimonio y la familia con sus raíces en las Escrituras hebreas hasta cierto punto se ha reemplazado por un conjunto

de valores que premian los derechos humanos, la autorrealización y la utilidad pragmática a un nivel individual y de sociedad. Se puede decir correctamente que el matrimonio y la familia son instituciones sitiadas en nuestro mundo hoy, y que con el matrimonio y la familia, nuestra civilización está en crisis.[22]

La familia es el núcleo de la civilización. —Will Durant

Un asalto continuo

El matrimonio y la familia han estado bajo un intenso asalto durante muchos años, y no solo por parte de aquellos a quienes le gustaría ver estas instituciones ordenadas por Dios reconfiguradas para incluir la aprobación de estilos de vida moralmente reprensibles. Durante las últimas décadas, a medida que nuestra sociedad ha variado el rumbo de la moralidad conservadora judeocristiana de generaciones previas y ha aceptado una actitud cada vez más liberal hacia el sexo y el matrimonio, las consecuencias han sido catastróficas para las familias. A comienzos de 1970, para muchas parejas jóvenes el atractivo de un compromiso de matrimonio para toda una vida comenzó a ser reemplazado por la opción de la cohabitación: un tipo de "matrimonio prueba". Con la ausencia de un desafío agresivo a esta conducta por parte de la iglesia, la institución del matrimonio comenzó a tambalearse a medida que, con el paso de las décadas, cada vez más niños nacían en "familias" en las que mamá y papá no estaban casados, papá se había ido de casa, o nadie tenía muy claro quién era verdaderamente papá desde un principio.

Actualmente, un número alarmante de niños se crían en hogares monoparentales. Según el censo de los Estados Unidos del año 2000, el 40 por ciento de las familias estadounidenses con niños con menos de 18 años eran familias monoparentales. En 1970, ese número era solo del 13 por ciento. Y la investigación demuestra que seis de cada diez niños con menos de 18 años vivirán en un hogar monoparental en algún momento de su infancia, con madres solteras encabezando nueve de cada diez familias monoparentales.

Incluso entre cristianos, el matrimonio y la familia no son inmunes al ataque. Los estudios demuestran que los matrimonios entre cristianos tienden a terminar en divorcio tanto como los matrimonios entre no cristianos. En un estudio de 2008, George Barna descubrió que entre los cristianos "nacidos de nuevo", quienes afirman tener una relación personal con Jesucristo y dicen que su fe es importante para ellos, el índice de divorcio es de 32 por ciento, casi tan alto como el índice entre no cristianos.[23]

Aunque los padres jóvenes de hoy día esperan que sus hijos no tengan que hacer frente al mismo dolor de los matrimonios destrozados que muchos de ellos sufrieron, la tendencia actual no ofrece mucha esperanza. Barna escribe:

> Las entrevistas con jóvenes adultos sugieren que quieren que su matrimonio inicial dure, pero no son particularmente optimistas acerca de esa posibilidad. Hay también evidencia de que muchas personas jóvenes están comenzando a adoptar la idea del matrimonio en serie, en el que una persona se casa dos o tres veces, buscando una pareja distinta para cada fase de su vida adulta.[24]

¿Se ha establecido el molde para el futuro del matrimonio y la familia? ¿Estamos contemplando la desaparición de una de las instituciones más importantes para la supervivencia de una sociedad sana? ¿Qué podemos hacer para invertir la tendencia y volver a construir matrimonios y familias que puedan soportar las tormentas de la vida moderna?

> Los cimientos de la civilización no son más fuertes ni más resistentes que la integridad colectiva de los hogares sobre los que descansan. Si los hogares se deterioran, la civilización se resquebrajará y se derrumbará.
>
> —Billy Graham

De regreso al modelo bíblico

Por el bien de nuestros niños y por las futuras generaciones, debemos regresar al modelo que forma familias fuertes: el modelo de Dios. Debemos arrepentirnos de habernos alejado de la verdad de Dios. Debemos enseñarlo a nuestros hijos para que puedan conocer y seguir el plan de Dios para el matrimonio y la familia.

Como miembros de la iglesia, quienes han sido lavados en la sangre de Jesucristo y crecen a su semejanza, no debemos unirnos *"en yugo desigual"* (2 Corintios 6:14) con los estilos de vida de las personas que no conocen a Dios. Él nos llama a separarnos de conductas que son contrarias a su voluntad y a sus caminos. Por supuesto, eso no significa que debamos rechazar a los que no conocen a Cristo, sino que *hemos* a rechazar estilos de vida e ideas que contradicen su llamado a una santidad absoluta en nuestras vidas.

Cuando Dios sacó a los hijos de Israel de Egipto y les estableció como su pueblo, les dio indicaciones y mandamientos concretos para asegurar su éxito en cada área de la vida. Un mandamiento supremo era: *"Y amarás a Jehová tu Dios de todo tu corazón, y de toda tu alma, y con todas tus fuerzas"* (Deuteronomio 6:5). Esto no era negociable, ni lo sigue siendo hasta la fecha.

Sin embargo, en demasiados hogares cristianos, amar a Dios no es una prioridad. En cambio, el dinero, el trabajo, el éxito, las posesiones y las actividades recreativas han tomado la prioridad por encima de Dios.

Sin embargo, en demasiados hogares cristianos, amar a Dios no es una prioridad. En cambio, el dinero, el trabajo, el éxito, las posesiones y las actividades recreativas han tomado la prioridad por encima de Dios. El resultado ha sido dramático. La rebeldía entre los hijos va en aumento; la pornografía, la drogadicción, el adulterio, mentir, robar, la ira y el abuso se producen con demasiada frecuencia en hogares que afirman invocar el nombre de Jesucristo. El aluvión de medios de comunicación que cristianos confesos permiten en sus hogares a través de la televisión, las películas, la música y la Internet es descorazonador.

Y todo esto se debe al hecho de que muchos cristianos no han permitido que el Espíritu Santo de Dios transforme sus actitudes en unas que le hagan a Él su herencia, su amor y su vida. No han permitido que la verdad inmutable de Dios sea la vara de medir en sus matrimonios y familias.

Guardar su Palabra en nuestros corazones y hogares

¿Cómo podemos volver a ser familias que honren a Dios? ¿Cómo criamos niños que sean fuertes y se comprometan unos con otros? Tenemos que prestar atención a la Palabra de Dios, y debemos asegurarnos de que nuestros hijos conozcan y honren también sus verdades.

En Deuteronomio 6, Dios le dejó esto claro al pueblo de Israel.

> *Y estas palabras que yo te mando hoy, estarán sobre tu corazón; y las repetirás a tus hijos, y hablarás de ellas estando en tu casa, y andando por el camino, y al acostarte, y cuando te levantes. Y las atarás como una señal en tu mano, y estarán como frontales entre tus ojos.* (Deuteronomio 6:6–8)

Tenían que hablar de la Palabra de Dios a sus hijos tanto de día como de noche. De hecho, la Palabra transformadora de Dios tenía que ser tan importante para ellos que tenían que escribirla en los postes de sus hogares.

Debemos enseñar a nuestros hijos los caminos de Dios a través de nuestros estilos de vida, a través de iglesias que crean en la Biblia y honren a Dios, y a través de tiempos regulares pasados justos como familia en la Palabra y en oración. Por cierto, esto no es algo nuevo.

Proverbios 22:6 nos enseña: *"Instruye al niño en su camino, y aun cuando fuere viejo no se apartará de él"*. Nuestros hijos se convertirán en la siguiente generación que honre y ame a Dios. Así es como reconstruimos familias fuertes.

Echemos un vistazo al modelo de Dios para la unidad familiar.

En el principio

Por tanto, lo que Dios juntó, no lo separe el hombre.
(Mateo 19:6)

Uno de los actos de creación de Dios más bellos y profundamente impactantes se produjo cuando Él tomó una de las costillas de Adán y la usó para crear a la mujer: Eva (véase Génesis 2:21–25). Este fue el comienzo de la unidad familiar. Demostró la necesidad de los dos miembros fundadores, el hombre y la mujer, para el éxito de la familia. La naturaleza misma da testimonio de la verdad de que si no se juntan un hombre y una mujer, no puede haber descendencia. Por tanto, tenemos la verdadera definición de familia. Aunque es cierto que hay todo tipo de agrupaciones de personas que se llaman a sí mismos "familia", en verdad, es necesario que un hombre y una mujer se junten como *"una carne"* (Génesis 2:24; Mateo 19:5–6; Marcos 10:8; 1 Corintios 6:16; Efesios 5:31) en matrimonio para formar la unidad familiar ordenada por Dios.

Nuestra cultura moderna ha menospreciado tanto esta intimidad entre un hombre y una mujer que muchos lo consideran solamente una actividad recreativa, donde el sexo se equipara a la pornografía, la lascivia y los instintos más básicos de los seres humanos. Esa, claro está, nunca fue la intención de Dios. Su diseño es que un hombre y una mujer se unan en un compromiso de amor, dejando a su padre a su madre, y uniéndose entre sí mientras duren sus vidas terrenales. Nada podría ser más hermoso, inspirador y productivo en este mundo que el amor, el matrimonio y la familia como Dios los diseñó.

Ahora es el momento para que el pueblo de Dios regrese a su diseño, olvidando las imitaciones baratas y de mal gusto que el mundo tiene que ofrecer.

En el comienzo, Dios estableció el modelo para el matrimonio y la familia:

> *Por tanto, dejará el hombre a su padre y a su madre, y se unirá a su mujer, y serán una sola carne.* (Génesis 2:24)

El matrimonio comienza cuando un hombre toma la iniciativa de dejar su antigua unidad familiar, padre, madre y hermanos, para comprometerse con una mujer para el resto de su vida. Jesús citó este mismo pasaje de Génesis para enfatizar la naturaleza divinamente ordenada del matrimonio tradicional cuando dijo:

> *¿No habéis leído que el que los hizo al principio, varón y hembra los hizo, y dijo: Por esto el hombre dejará padre y madre, y se unirá a su mujer, y los dos serán una sola carne? Así que no son ya más dos, sino una sola carne; por tanto, lo que Dios juntó, no lo separe el hombre.* (Mateo 19:4–6)

Observe la abierta declaración de Jesús para enfatizar la importancia de esta unidad familiar ante el Dios Todopoderoso: *"lo que Dios juntó, no lo separe el hombre"*.

En esta época de divorcio fácil y "sin culpa", cuando los matrimonios múltiples, incluso entre cristianos, son algo común y aceptado, y cuando la definición misma de matrimonio se ha convertido en lo que la mayoría de los individuos definan que es, ¿qué ocurriría si el pueblo de Dios se tomará en serio la idea de Dios sobre el matrimonio y la familia e insistiera en sus propios hogares, iglesias y comunidades en honrar a Dios y tomar en serio su Palabra? Esa es la única manera en que podremos cambiar la marea de familias que fracasan y evitar así la destrucción de nuestra sociedad.

Recuerde lo que Dios declaró en 2 Crónicas 7:14:

> *Si se humillare mi pueblo, sobre el cual mi nombre es invocado, y oraren, y buscaren mi rostro, y se convirtieren de sus malos caminos; entonces yo oiré desde los cielos, y perdonaré sus pecados, y sanaré su tierra.*

Esta es la promesa de Dios de sanar nuestros hogares, nuestras familias, nuestras comunidades e incluso nuestra nación; pero será necesario no solo oír la Palabra de Dios sino también decidir de manera intencional obedecer y seguir sus mandamientos y sus caminos. Jesús dijo: "*Si vosotros permaneciereis en mi palabra, seréis verdaderamente mis discípulos; y conoceréis la verdad, y la verdad os hará libres*" (Juan 8:31–32).

Desgraciadamente, demasiados individuos del pueblo de Dios están atados con cadenas que este mundo les ha convencido que son normales y un procedimiento operativo estándar para todos. La única manera de que cada uno de nosotros se libre de esa atadura es que defendamos la justicia, una norma correcta de conducta y actitud de nuestro corazón. Eso, claro está, comienza cuando reconocemos a Cristo como Salvador, y continúa cuando le hacemos Señor de nuestro corazón y de nuestro hogar.

Demasiados individuos del pueblo de Dios están atados con cadenas que este mundo les ha convencido que son normales y un procedimiento operativo estándar para todos.

> *Pero yo y mi casa serviremos a Jehová.* (Josué 24:15)

"Pero yo y mi casa..."

Hacia el final de su vida, Josué, el gran líder hebreo, desafió a los hijos de Israel a caminar rectamente en medio de un mundo que en general rechazaba a Dios. Sus palabras son muy relevantes para nosotros en la actualidad, ya que caminamos en un mundo lleno de caos, rebeldía, pecado, inmoralidad y desobediencia a la norma de rectitud de Dios. Dios ha bendecido a su pueblo con una Tierra Prometida de una increíble oportunidad, una tierra de *"la cual fluye leche y miel"* (Deuteronomio 31:20). Pero era también una tierra llena de otras naciones de personas que caminaban contrariamente a la Palabra de Dios. La generación previa de israelitas se había permitido corromperse. En lugar de seguir a Dios, habían adorado a los falsos dioses e ídolos de Egipto. Una vez en el desierto, se quejaron e incluso se hicieron su propio becerro de oro al que adorar. A puertas de la Tierra Prometida, decidieron creer los informes de que había gigantes en la tierra en vez de los informes más optimistas y fieles de Caleb y Josué. Permitieron que el temor socavara su fe en las promesas de Dios. Debido a su falta de fe, Dios les prohibió entrar en esta nueva tierra.

> *No endurezcáis vuestro corazón, como en Meriba, como en el día de Masah en el desierto, donde me tentaron vuestros padres, me probaron, y vieron mis obras. Cuarenta años estuve disgustado con la nación, y dije: Pueblo es que divaga de corazón, y no han conocido mis caminos. Por tanto, juré en mi furor que no entrarían en mi reposo.* (Salmo 95:8–11)

Cuando el anciano Josué afrontaba su propia muerte, advirtió a esa nueva generación: *"Y quitad de entre vosotros los dioses a los cuales sirvieron vuestros padres al otro lado del río, y en Egipto; y servid a Jehová"* (Josué 24:14).

Después, Josué hizo este desafío que les hizo pensar:

> *Escogeos hoy a quién sirváis; si a los dioses a quienes sirvieron vuestros padres, cuando estuvieron al otro lado del río, o a los dioses de los amorreos en cuya tierra habitáis; pero yo y mi casa serviremos a Jehová.* (Josué 24:15)

La declaración de Josué a los hijos de Israel también sirve como una declaración y desafío a la iglesia de hoy, a todos nosotros que luchamos con las influencias de la cultura impía que nos rodea y que niega a Dios y sus caminos.

Estar en la brecha

¿Podría unirse usted a la declaración de Josué para su propia familia? No importa lo grande o pequeña que sea su casa. Puede que tenga una familia con hijos y nietos, o quizá sea una familia con el "nido vacío", ya que sus hijos se fueron de casa para formar sus propias familias. O, quizá sea usted una persona sola sin nadie más a quien llamar "familia". Quizá ni siquiera sea cabeza de familia, pero tiene un profundo deseo de ver a los miembros de su familia amar a Dios y seguirle. Sea cual sea el tamaño de su casa, y cualquier lugar que usted ocupe en ella, tiene el privilegio y la responsabilidad de declarar ante el resto del mundo: *"Pero yo y mi casa serviremos a Jehová"*.

Puede hacer esa declaración mediante su estilo de vida, sus palabras y sus oraciones, todos los días, por la misericordia y la bendición de Dios sobre su familia. Dios está buscando individuos que se pongan en la brecha por sus familias, orando diligentemente todos los días para que sus maridos, esposas, hijos y nietos caminen delante del Señor humildemente y con corazones puros. Un regreso a familias fuertes que amen al Señor con todo su corazón, alma, mente y fuerzas se inicia con madres, padres, abuelos, niños y nietos que oran por transformación, avivamiento y el toque de Dios en sus vidas.

En otras palabras, comienza con usted. Esta es una nota que recibí recientemente de una mujer de nuestra iglesia llamada Stephanie que se puso en la brecha por su hija:

> *Quiero dar gracias a nuestro Padre celestial, porque realmente ha respondido mis oraciones. Había estado orando para que Dios hiciera regresar segura a mi hija que estaba en las calles. No tenía ni idea de su paradero. Continué en oración y en la Palabra de Dios, sin abandonar, sabiendo que mis oraciones prevalecerían y el enemigo sería derrotado.*

Ayer, mientras oraba, Dios me dio una visión de nubes blancas y una doble puerta blanca. Al abrir la puerta en mi visión, vi que ahí estaba mi hija. La tomé y comencé a abrazarla. Después, compartí mi visión con mi esposo, mi madre y mi hermano. A todos les dije que mi hija vendría a casa ese mismo día.

Esa tarde, mientras me preparaba para una boda, sonó mi teléfono móvil. Era mi hija. Me preguntó qué estaba haciendo y le dije que me estaba preparando para ir a una boda. Dijo que estaba lista para regresar a casa. En ese momento, comencé a darle gracias a Jesús. Le dije que no iría a la boda, sino que iría a recogerla, y eso es lo que hice.

¡Dios es bueno! ¡Le amo tanto! Es mi proveedor, y permaneceré en fe, creyendo y confiando siempre en Él. ¡Él es mi puntual Dios! Doy gracias a la iglesia por orar por mí, y les pido que continúen levantándome en sus oraciones por mi familia y mi economía. Que Dios siga bendiciendo su ministerio y todo lo que hace en el nombre de Jesús.

No hay ninguna situación tan grave que no podamos poner a los pies de Dios en oración. Usted nunca es demasiado joven o demasiado mayor para interceder por su familia. Si no tiene familia, entonces es usted el principal candidato para pasar su tiempo levantando a todas las demás familias de su vecindario, pidiéndole a Dios que les salve, les cambie y les haga fuertes en las tormentas de la vida para que ellos también declaren: "*Pero yo y mi casa serviremos a Jehová*".

Capítulo 11

De regreso a familias fuertes

El continuo asalto sobre las familias en América ha sido bien documentado durante los últimos treinta y tantos años. Estoy convencido de que las raíces de esta desintegración comenzaron hace más de sesenta años, con el final de la Segunda Guerra Mundial y el comienzo de un período de prosperidad sin precedentes en nuestra nación.

Antes de la Segunda Guerra Mundial, muchos estadounidenses se criaron con poco o nada, ya que sus familias luchaban para salir de la Gran Depresión. A duras penas habían alcanzado la edad adulta cuando su nación se vio inmersa en una guerra y millones de jóvenes fueron llamados para servir a su país. Los que se quedaron en casa proporcionaron gran parte de la mano de obra industrial que creaba los bienes y el equipamiento para abastecer a las tropas. Mientras lo hacían, se vieron ante una economía de tiempos de guerra con el racionamiento de comida, combustible y otras necesidades. Al final de la guerra, un ejército de jóvenes regresó a casa para retomar sus vidas, mientras que la economía de la nación respondió prosperando y llegando a un tiempo de prosperidad y abundancia durante un período de relativa paz.

Pero algo comenzó a cambiar a medida que una nación hambrienta y motivada perseguía con avidez el "sueño americano". Durante la década de 1950 y 1960, cuando papá trabajaba duro para comprar una casa, un nuevo automóvil y todas las cosas que Madison Avenue convencía a su familia de que necesitaban, se encontró pasando cada vez menos tiempo en las cosas que realmente importaban: la familia por la cual trabajaba diligentemente, para sostenerla.

"Mortandad sobre ellos"

A medida que se multiplicaban la prosperidad y la abundancia, y el estándar de vida de la nación se disparaba, también llegó una *"mortandad sobre ellos"* (Salmo 106:15). Para muchas personas, la fe en Dios fue reemplazada lentamente por el amor y la búsqueda de riquezas, posesiones, recreo y posición social. Mientras que generaciones previas habían dado prioridad a los valores espirituales, muchos estadounidenses de la generación de la posguerra pensaban cada vez menos en su relación con Dios. Como resultado, muchos de sus hijos y los hijos de sus hijos crecieron con poco conocimiento del amor, la justicia y las normas de Dios para sus vidas.

Para muchos, la búsqueda de riquezas y autosatisfacción se convirtió en una religión en sí misma. No es de extrañar, pues, que los hogares de América se hayan convertido cada vez más en lugares poco queridos, o incluso emocionalmente tóxicos, para los niños. Las estadísticas relatan una triste historia:

- Menos de la mitad de los hijos de América crecen en familias donde tanto la madre como el padre están presentes.
- Desde el año 2000, ha habido un aumento drástico en el abuso infantil lo suficientemente grave como para catalogarlo de "violento".
- Cada día en este país, 2.800 chicas adolescentes se quedan embarazadas.[25]
- Cada día, 1.106 adolescentes que van a ser mamás ponen fin a la vida de sus bebés no nacidos mediante el aborto.[26]
- En 2004, el Centro para Control y Prevención de Enfermedades informó que el índice de suicidio en adolescentes estadounidenses (edades de 10 a 24) aumentó un 8 por ciento, hasta alcanzar un índice de 7,32 por 100 000 personas de esa edad.[27] Este fue el mayor aumento en un año en suicidios en quince años. Los expertos calculan que por cada suicidio con éxito, hay otros diez adolescentes que lo intentan y fracasan.

- Al graduarse de secundaria, el 54 por ciento de los adolescentes de nuestra nación reconocen que han consumido una o más drogas ilegales.[28]

¿Qué produce una familia sólida?

Vivimos en una época de gran estrés para las familias, y muchos hogares se están desmoronando ante el aumento de la presión económica, emocional y espiritual. Pero también es verdad que vivimos en una época en que las familias fuertes y unidas son uno de los únicos remansos seguros en un mundo cada vez con más caos y oscuridad.

En 1977, los autores e investigadores Dr. Nick Stinnett y Dr. John DeFrain realizaron un estudio para determinar las claves de las familias en que el esposo y la esposa estaban felizmente casados y tenían relaciones fuertes y estables con sus hijos. Entrevistaron a tres mil familias de diversos trasfondos y etnias y descubrieron que las familias más fuertes, las que eran más felices y estaban mejor ajustadas, compartían las siguientes seis características clave:

1. Los miembros de la familia estaban comprometidos los unos con los otros.
2. A los miembros de la familia les gustaba pasar tiempo juntos.
3. Los miembros de la familia tenían una buena comunicación entre ellos.
4. Los miembros de la familia expresaban abiertamente su amor y aprecio los unos por los otros.
5. Los miembros de la familia tenían un compromiso espiritual.
6. Miembros de la familia mantenían relaciones cercanas y cohesivas unos con otros en situaciones de crisis.[29]

¿Qué ocurriría si mamás y papás se comprometieran a cultivar este tipo de características en sus familias y hogares? No sería una tarea fácil, pero tampoco sería imposible. Creo que un compromiso así a cambiar, realizado individualmente en cada familia, es crucial para el tipo de cambio que transformará nuestro país de nuevo en una nación fuerte y temerosa de Dios. Además, creo que hay algunas claves adicionales que ayudarán a las familias a volver a recuperar la fuerza para resistir ante cualquier estrés que les lance el mundo.

¿Es usted un "padre revolucionario"?

En su instructivo y desafiante el libro, *Revolutionary Parenting: What the Research Shows Really Works* [Crianza revolucionaria: Lo que muestra la investigación realmente funciona] (Barna Books, 2007), George Barna identificó tres tipos de estilos de educación que predominan en la sociedad estadounidense en la actualidad, y analizó cómo estos estilos afectan a los tipos de hijos criados. Los tres estilos son:

Crianza por defecto

Esto es lo que Barna llama crianza mediante "el camino de menor resistencia". Mamá y papá hacen lo que sea más conveniente y natural, en base a las normas y tradiciones culturales que estén de moda en ese momento. "El objetivo es que todos, padre, hijo y otros, sean tan felices como puedan, sin que el proceso de crianza domine otros aspectos importantes o prioritarios de la vida del padre", destacó Barna.[30]

Crianza prueba y error

Barna explicó que este estilo está basado en la idea de que no hay pautas absolutas para una crianza eficaz, y que los padres mejoran sus habilidades de crianza de sus hijos mediante la experimentación. "En este enfoque incremental, los objetivos de la crianza de los hijos son seguir mejorando y hacer un mejor papel que la mayoría de los demás padres".[31]

Crianza revolucionaria

Este es, con diferencia, el método menos común de crianza de los hijos, el cual requiere que los padres "se tomen en serio las palabras de

Dios acerca de la vida y la familia, y apliquen esas palabras de manera fiel y sistemática".[32]

No se necesita ser un experto en familia para identificar cuál de los estilos de crianza mencionados facilita con más probabilidad la crianza de unos hijos cimentados en su fe, enfocados en el propósito de su vida y capacitados con un sentimiento de responsabilidad personal hacia Dios y hacia otros.

Partiendo del punto de vista de que Dios creó a cada ser humano para un propósito espiritual eterno, Barna estableció un puñado de normas básicas que exhibían extraordinariamente personas cuyos padres fueron fieles en incorporar la Palabra de Dios y los fundamentos de la fe a su vida familiar diaria. Entre otras cosas, cada uno de los jóvenes adultos en el estudio:

- Creía que una prioridad principal de la vida era conocer, amar y servir a Dios.
- Dijo que su fe en Dios era lo más importante en su vida.
- Exhibía una cosmovisión fundada, entre otras cosas, sobre una creencia en la verdad moral absoluta, como se define en la Biblia, de la existencia de Dios como el Creador todopoderoso y el Rey del universo, y una fe en Jesucristo como Salvador y Señor.
- Le daba importancia a la participación activa en una comunidad de fe vibrante, una iglesia, y coherentemente participaba en adoración, oración, estudio bíblico y rendía cuentas espiritualmente.

Si es usted como yo, puede que mire las normas básicas que tenían estos jóvenes adultos y piense: *¿Es posible educar con éxito este tipo de hijos hoy día?* Con todas las distracciones, caos, maldad y actividad del enemigo en nuestra cultura, muchos padres tan solo intentan mantener un aspecto de orden y cordura moral básica en sus hogares. Su objetivo ha pasado de criar hijos con enfoque e impulso espiritual a simplemente criar hijos que no estén demasiado maleados por las cosas de este mundo.

No obstante, estoy convencido de que la misericordia y el poder transformador de Dios son mucho mayores que nuestras limitaciones percibidas a la hora de criar con eficacia y tener familias sólidas. Después de todo, como nos aseguró el apóstol Pablo, no solo es la voluntad de Dios para cada uno de nosotros que seamos una parte integral de su reino mediante Jesucristo, sino que Él mismo toma la iniciativa para hacer que eso suceda (véase Filipenses 2:13).

La misericordia y el poder transformador de Dios son mucho mayores que nuestras limitaciones percibidas a la hora de criar con eficacia y tener familias sólidas.

Cuando las familias se comprometen a ver la gloria de Dios en sus hogares, y cuando los padres se comprometen a orar para que sus hijos se conviertan en todo lo que Dios les ha creado que sean, nuestro Padre celestial es fiel en crear algo hermoso y fructífero en nuestras vidas. Él trabaja por encima de nuestras faltas, nuestros fracasos y nuestras ineptitudes al responder al clamor de nuestro corazón de ser hombres, mujeres, hijos, y sí, familias que le honren a Él en esta tierra.

Los padres son clave

La Biblia es muy clara al establecer los papeles que la madre, el padre y los hijos desempeñan en la familia. Si nosotros como padres buscamos en oración asegurarnos de que cada miembro de la familia esté cumpliendo la función que Dios ha establecido, ¡nuestro Padre nos respaldará y nos dará el éxito que ha prometido!

Si hay un miembro de la familia que sea clave para el éxito espiritual global de los demás miembros de la familia, es el padre. ¿Cuál cree que ha sido el problema número uno que ha afectado a las familias y los hijos en América, y que continúa siendo un grave problema? Es un hogar con la ausencia del padre.

Como mencioné anteriormente, el Censo de los Estados Unidos del año 2000 muestra que dos de cada cinco niños en América vivirá en un hogar monoparental antes de llegar los dieciocho años de edad.

De hecho, tan recientemente como en 2002, alrededor de veinte millones de niños estaban viviendo en tales hogares: más del 25 por ciento de todos los niños americanos. La vasta mayoría de esos niños vivían en hogares sin el padre.

En las décadas de 1970 y 1980, cuando el divorcio comenzó a extenderse en nuestra sociedad, los niños comenzaron a perder a su papá cuando sus padres se divorciaban. Aunque esas situaciones ciertamente eran desgraciadas, al menos muchos de esos niños conocían y veían a su padre por la custodia compartida y otros arreglos que hacían sus padres. Tristemente, ese es cada vez menos el caso. La mayoría de los hijos monoparentales tienen mamás que nunca se casaron con sus padres y, en muchos casos, ni tan siquiera saben quién es el padre.

El problema es obvio: los padres están abandonando las responsabilidades dadas por Dios de criar a sus hijos, y las consecuencias no podrían ser más nefastas. Estos son los tristes datos:

- El 63 por ciento de niños y adolescentes que cometen suicidio provienen de hogares que no tienen al padre. (Departamento de Salud y Servicios Humanos de los Estados Unidos, Departamento del Censo).
- El 71 por ciento de adolescentes embarazadas provienen de hogares carentes del padre. (Nota de prensa del Departamento de Salud y Servicios Humanos de los Estados Unidos, viernes 26 marzo, 1999).
- El 90 por ciento de los niños sin hogar o que han huido de casa provienen de hogares carentes del padre. (Departamento de Salud y Servicios Humanos de los Estados Unidos, Departamento del Censo).
- El 70 por ciento de los jóvenes encarcelados proceden de hogares carentes del padre. (Informe del Departamento de Justicia de los Estados Unidos, septiembre 1988).
- El 85 por ciento de los hijos que muestran algún tipo de trastornos de la conducta proceden de hogares carentes del padre. (Centro para el Control de Enfermedades de los Estados Unidos).

- El 71 por ciento de quienes dejan la secundaria en América provienen de hogares donde no está el padre.(Informe de la Asociación Nacional de directores del Estado de los institutos, 1998).
- El 75 por ciento de los prisioneros de los Estados Unidos llegaron de hogares carentes del padre. (Daniel Amneus, *The Garbage Generation* [La generación basura], Alhambra, CA: Primrose Press, 1990).

¿Puede ver el patrón?

No podemos culpar de los problemas de nuestra nación solamente al crimen, la delincuencia juvenil, el desempleo, los sistemas educativos ineficaces, el abuso de drogas y alcohol, programas gubernamentales deficientes u otras patologías socioeconómicas. Estas cosas son síntomas de un problema mayor: hogares rotos y familias resquebrajadas. Y gran parte de ese problema podemos ponerlo a los pies de hombres que no han vivido a la altura de la responsabilidad que Dios les ha dado en la familia.

Ame al Señor, después a su familia

Me doy cuenta de que no está de moda o es políticamente correcto sugerir que Dios ha establecido diferentes ámbitos de autoridad para hombres y mujeres en su reino. Ese discurso desafía al tipo de feminismo que ha dominado nuestra cultura en las últimas décadas. Por supuesto, la Biblia deja claro que Dios no muestra favoritismos a la hora de aceptar y amar a su pueblo, independientemente del género, raza, etnia o cualquier otra delineación. El apóstol Pablo nos dijo: *"Ya no hay judío ni griego; no hay esclavo ni libre; no hay varón ni mujer; porque todos vosotros sois uno en Cristo Jesús"* (Gálatas 3:28).

Pero la Biblia también deja claro que Dios comisiona a individuos concretos en su reino con cierta autoridad y tareas, y en el hogar, compuesto por un esposo, esposa e hijos, la dirección y autoridad del padre quedan claras. Hombres, ustedes fueron creados para asumir el liderazgo espiritual de sus familias.

> *Porque el marido es cabeza de la mujer, así como Cristo es cabeza de la iglesia, la cual es su cuerpo, y él es su Salvador. Así que, como la iglesia está sujeta a Cristo, así también las casadas lo estén a sus maridos en todo.* (Efesios 5:23–24)

Hombres, deben amar a sus esposas como Cristo amó a la iglesia. Ustedes han de dirigir a sus hijos a una relación de por vida con Jesucristo.

Ahora bien, muchas esposas y madres quizá lean esto y piensen: *Sin lugar a dudas mi hogar no funciona así. De hecho, si no fuera por mi aportación espiritual a la familia, no existiría liderazgo cristiano alguno.* La triste verdad es que en demasiados hogares y familias, los hombres han abandonado su papel como cabeza espiritual, y ha recaído en cambio sobre esposas, madres, abuelas y otras mujeres el cubrir a la familia en oración y autoridad espiritual.

La triste verdad es que en demasiados hogares y familias, los hombres han abandonado su papel como cabeza espiritual, y ha recaído en cambio sobre esposas, madres, abuelas y otras mujeres el cubrir a la familia en oración y autoridad espiritual.

Ese no es el diseño de Dios. La Biblia deja claro que los hombres deben asumir el liderazgo de la crianza de hijos que amen a Dios y de guiar a sus hogares en la fe. Y, hombres, todo comienza con un patrón de conducta espiritual en su vida personal.

Como vimos en el último capítulo, el mayor mandamiento en la Biblia es amar al Señor Dios con su corazón, alma, mente y fuerzas. Moisés recibió este mandamiento de Dios no solo para que los hijos de Israel lo obedecieran, sino también cada individuo y cada hogar. Jesús repitió este mandamiento y luego incluyó otro:

Amarás al Señor tu Dios con todo tu corazón, y con toda tu alma, y con toda tu mente. Este es el primero y grande mandamiento. Y el segundo es semejante: Amarás a tu prójimo como a ti mismo. (Mateo 22:37–39)

Si hay algo con lo que todos luchamos, es el egocentrismo. No nos cuesta amarnos a nosotros mismos y ponernos en primer lugar, pero amar a otros es otro asunto. Si no guardamos rencor o somos críticos con alguien, a menudo nos encontramos poniendo las necesidades de los demás después de las nuestras. Pero eso no fue lo que hizo Jesús. Él siempre amó, y sigue amando, con la misma pasión que ama Dios; y, hombres, como vemos en la Biblia, esa es su función también: amar primero a Dios, a sus familias después, y por último a ustedes mismos. Poner a su familia y sus necesidades por encima de sus propios deseos es el primer paso que Dios requiere para tomar el liderazgo de su familia.

Amar y servir a sus hijos significa educarlos con ternura y paciencia en los caminos de Dios. De hecho, en Efesios, el apóstol Pablo aconsejó a los padres que no tratasen mal a sus hijos, enojándoles y exasperándoles con un tratamiento rígido y abusivo y con normas que nunca podían alcanzar.

Y vosotros, padres, no provoquéis a ira a vuestros hijos, sino criadlos en disciplina y amonestación del Señor.

(Efesios 6:4)

Ser rudo y áspero solo servirá para fomentar rebeldía y desobediencia: lo contrario a lo que realmente queremos cultivar nuestros hijos. En vez de eso, Dios le llama a educar a sus hijos con instrucción amorosa y una disciplina justa, como Él lo hace con usted. La Biblia deja claro que Dios es misericordioso, paciente y amable, tres cualidades principales que sus hijos deberían ver en usted.

Que su instrucción sea intencional

Hay un seguimiento al mandamiento de Dios de amarle a Él sobre todas las cosas.

Y las repetirás a tus hijos, y hablarás de ellas estando en tu casa, y andando por el camino, y al acostarte, y cuando te levantes.
(Deuteronomio 6:7)

Siempre que estemos con nuestros hijos, debemos buscar oportunidades de hablar con ellos acerca de Dios, enseñándoles su Palabra y sus caminos.

Hombres, ¿cuántos de ustedes son intencionales a la hora de pasar tiempo con sus hijos, enseñándoles cómo amar a Dios? Hay muchas cosas que pueden interponerse a esto en cualquier día. Está jugar al golf con sus amigos y arreglar el jardín, y no digamos el partido del domingo en la tarde. Sé bien por experiencia que incluso cuando pasamos tiempo con nuestros hijos, las actividades que escogemos pueden contribuir a hablar sobre cosas espirituales, o a alejarnos de nuestras mejores intenciones. Pero si permanece en sintonía con la voz de Dios en oración cuando pasa tiempo con sus hijos, encontrará oportunidades increíbles para enseñarles la Palabra de Dios. Y, créame, la Palabra de Dios que usted les ayudará a guardar en sus corazones hoy permanecerá con ellos hasta mucho después de que hayan crecido.

Estoy convencido de que si nosotros, como padres cristianos, pasamos tiempo de calidad con nuestros hijos, enseñándoles lo que dice la Palabra de Dios y cómo puede transformar sus vidas, pasaremos mucho menos tiempo disciplinándoles.

Toda la Escritura es inspirada por Dios, y útil para enseñar, para redargüir, para corregir, para instruir en justicia, a fin de que el hombre de Dios sea perfecto, enteramente preparado para toda buena obra. (2 Timoteo 3:16–17)

Papás, no hay mayor tarea, o privilegio, que Dios les haya dado que hacer todo lo que puedan para asegurarse de que cuando sus hijos salgan por la puerta de su hogar para abrirse sus propios caminos en este mundo, lo hagan como hombres y mujeres jóvenes que aman a Dios y están profundamente arraigados en su Palabra.

"Maridos, amad a vuestras esposas"

Por importante que es que los padres tomen el liderazgo a la hora de enseñar a sus hijos a amar a Dios, creo que hay una tarea incluso más importante que los hombres tienen como esposos y padres. Es un mandamiento directo del corazón de Dios, y es fundamental para el carácter espiritual de nuestras familias.

> *Maridos, amad a vuestras mujeres, así como Cristo amó a la iglesia, y se entregó a sí mismo por ella, para santificarla, habiéndola purificado en el lavamiento del agua por la palabra.*
> (Efesios 5:25–26)

Los maridos tienen que amar a sus esposas. Es así de simple. Si queremos que nuestras familias sean transformadas y fortalecidas de forma que también transforme nuestras iglesias, nuestras comunidades y nuestra nación, todo debe comenzar con el simple acto de que los maridos amen a sus esposas.

Si queremos que nuestras familias sean transformadas y fortalecidas de forma que también transforme nuestras iglesias, nuestras comunidades y nuestra nación, todo debe comenzar con el simple acto de que los maridos amen a sus esposas.

¿Y cómo debe un marido hacer eso? Este pasaje bíblico deja claro que el marido debe amar a su esposa como Cristo amó a la iglesia. ¿Y cómo amó Cristo a la iglesia? Dio su vida por ella, derramando la compasión, misericordia y perdón de su Padre celestial. Él se dio por completo a todos y cada uno de nosotros, pensando en nuestras necesidades, en el destino de Dios para nosotros y en lo que Él podía hacer para asegurarse de que cumpliéramos el propósito dado por Dios.

Sin embargo, ¡parece existir muy poco de ese amor en nuestros hogares y familias hoy día! En cambio, muchos están tan inmersos en la persecución de sus propios planes y buscando su propia satisfacción que se olvidan de que los demás existen. Hombres, Jesús es su ejemplo, y si son serios acerca de ser conformados a su imagen, la principal forma de hacerlo es amando a otros. Y eso comienza amando su esposa como Cristo amó su propia esposa: la iglesia. Significa dar su vida por ella, ser un siervo. Ese tipo de postura elimina por completo cualquier posibilidad de poder usar su liderazgo de manera abusiva, controladora o manipuladora. Como puede ver, Jesús, que era el Hijo del Dios viviente, dejó a un lado toda la gloria de su divinidad y decidió convertirse en un siervo por usted y por mí. La Biblia dice:

> *Sino que se despojó a sí mismo* [Jesús], *tomando forma de siervo, hecho semejante a los hombres; y estando en la condición de hombre, se humilló a sí mismo, haciéndose obediente hasta la muerte, y muerte de cruz.* (Filipenses 2:7–8)

Justamente antes de estos versículos, el apóstol Pablo escribió: "*Haya, pues, en vosotros este sentir que hubo también en Cristo Jesús*" (Filipenses 2:5). Así es como un marido debe amar a su esposa. Si ama a su esposa así, ese mismo amor se derramará sobre sus hijos.

El consejo del mundo es exactamente el opuesto. El mundo le dice que "intente ser el número uno" y que se asegure de que todos sepan quién es el jefe. No hay mucho amor en ese tipo de actitud, razón por la cual muchas familias hoy están llenas de egoísmo, ira, celos, violencia, abuso, infidelidad y divorcio, y la lista podría continuar. La Biblia nos dice que los que practican tales cosas no pueden heredar el reino de Dios (véase 1 Corintios 6:9–10).

Ser conformado a la imagen de Cristo significa ser lleno de su Espíritu Santo. Cuando eso ocurre, usted se abre al fruto del Espíritu, el cual la Biblia identifica como "*amor, gozo, paz, paciencia, benignidad, bondad, fe, mansedumbre y templanza*" (Gálatas 5:22–23).

Maridos, si se comprometen a amar a sus esposas como Cristo nos ama a cada uno de nosotros, con la ayuda de Dios, estas cualidades espirituales se convertirán cada vez más en parte integral de su carácter: el carácter de Jesucristo en usted.

Quizá no suceda de la noche a la mañana, pero ocurrirá. Un día, descubrirá que está pensando: *Caramba, no soy el mismo hombre que solía ser. No estoy respondiendo con ira e impaciencia a mi esposa y a mis hijos, ¡y ya no estoy tan irritable y malhumorado en el trabajo!*

Eso es Cristo habitando en usted. Eso es que está siendo conformado a imagen de Él. Eso es que se está convirtiendo en la persona que Dios quiso que fuera.

Una palabra para las esposas

Cuando el marido ama a su esposa como Cristo amó la iglesia, cambia la atmósfera del hogar de manera drástica. Las disputas, las riñas y los conflictos disminuirán; la armonía aumentará, y la paz que viene con el señorío de Cristo gobernará. La dinámica de toda la familia se inundará de la gloria de Dios cuando los maridos tomen su legítimo lugar como cabeza de su hogar, cubriendo a su esposa y a sus hijos en oración, leyendo la Palabra con ellos y animándoles en las cosas de Dios.

Con el esposo en su función adecuada, se hace mucho más fácil para la esposa seguir su mandato bíblico, que es permitir de manera voluntaria y gozosa que su marido dirija y sea la cobertura de su familia. Ya no se verá forzada a hacerse cargo de las tareas que su marido no ha asumido recibir y cumplir.

Repito: sé que esto desafía a una cultura enfocada en la liberación, la igualdad en las funciones de género y la autosatisfacción; pero la Biblia deja claro que para construir el tipo de familia que sobrevivirá a largo plazo y dará gloria Dios, todas las partes deben trabajar correctamente. Por tanto, el apóstol Pablo amonestó:

> *Las casadas estén sujetas a sus propios maridos, como al Señor; porque el marido es cabeza de la mujer, así como Cristo es cabeza de la iglesia, la cual es su cuerpo, y él es su Salvador. Así que, como la iglesia está sujeta a Cristo, así también las casadas lo estén a sus maridos en todo.* (Efesios 5:22–24)

Cuando la esposa se somete a su esposo, eso no significa que ella deba convertirse en un felpudo, y no significa que no tenga voz ni voto en el hogar y deba quedarse callada y obedecer. ¿Describe eso la relación bíblica entre Cristo y la iglesia? ¿Es así cómo percibe usted el amor de Cristo por usted? No será así si pasa tiempo leyendo la Palabra de Dios. Nuestro Señor no nos trata rudamente, sino con ternura. Después de todo, su deseo es que cada uno de nosotros llegue a la plena estatura de un creyente maduro, permaneciendo en su Palabra y caminando en fe. La fe no se desarrolla sin confianza, y la confianza solo se produce cuando está convencido de que el objeto de la confianza está comprometido a hacer lo mejor por usted.

Al igual que Cristo, el Cabeza de la iglesia, busca siempre el mejor interés de su esposa, así también el esposo, como cabeza del hogar, constantemente busca lo mejor para su esposa.

Así es como el matrimonio debe funcionar. Al igual que Cristo, el Cabeza de la iglesia, busca siempre el mejor interés de su esposa, así también el esposo, como cabeza del hogar, constantemente busca lo mejor para su esposa.

Esposa, no importa si usted es una mamá que no trabaja fuera de casa, una cajera en el supermercado, una ejecutiva empresarial, doctora, abogada o tiene cualquier otra profesión. No importa si tiene una posición de liderazgo en su iglesia. En el hogar, es crucial que usted reciba una visión ungida del Espíritu Santo de su marido como el cabeza de su hogar, el sacerdote que vive para ser una cobertura para usted y para sus hijos.

Un testimonio de victoria

Antes de continuar, me gustaría compartir el testimonio de una pareja de nuestra iglesia que parecía estar en una situación irremediable. Su historia es prueba de que ninguna situación es demasiado desesperada cuando Dios está de por medio.

Se ha dicho a menudo que nunca sabemos lo que tenemos hasta que nos falta, y esto es exactamente lo que nos ocurrió nosotros. En 2001, mi esposa y yo trabajábamos en una agencia inmobiliaria y también en un pequeño concesionario de autos usados. Teníamos la vida perfecta: dos preciosos hijos, una casa de ensueño y un sueldo de seis cifras. En 2005 recibimos una bofetada en la cara de la realidad. El boom inmobiliario se derrumbó, y todo desde nuestras finanzas a nuestro matrimonio se vio afectado seriamente. Ni en un millón de años esperamos que nuestro dinero pudiera agotarse. Pero resultó que habíamos empleado los años previos enfocándonos más en edificar nuestro propio sueño que en edificar primero el reino de Dios. El estrés de nuestros compromisos financieros creó una brecha nuestro matrimonio, y lentamente comenzamos a distanciarnos. Entre frecuente abuso del alcohol y la infidelidad, nuestro matrimonio estaba en un estado de derrumbe. Finalmente, perdimos nuestra casa y nuestras empresas.

Fue entonces cuando decidimos mudarnos a Florida esperando que el mercado inmobiliario estuviera mejor que en Ohio. ¡Estábamos equivocados! De nuevo, en vez de enfocarnos en el reino de Dios seguimos enfocándonos en todas las cosas que ya no teníamos. Mi esposa y yo teníamos cada vez más amargura y resentimiento el uno hacia el otro, y decidimos separarnos después de trece años de matrimonio.

En mi mente, yo esperaba en cierto modo que el proceso de separación fuera como los que se ven en las películas: del tipo en que el marido y la esposa se separan y después, tras un par de semanas, regresan de nuevo el uno a los brazos del otro. Pero no fue el caso para nosotros. ¡No podíamos soportar mirarnos! ¡Lo único que nos impidió divorciarnos fue que no teníamos dinero! Por tanto, vivimos vidas separadas durante dos largos años.

El día de Acción de Gracias de 2009, Erika tuvo un accidente horrible que casi puso fin a su vida. Este accidente puso las cosas en perspectiva para ambos. Sin amigos ni familia en

Florida, rápidamente nos dimos cuenta de que nuestra pequeña familia de cuatro era todo lo que teníamos para apoyarnos. Decidimos trabajar para salvar nuestro matrimonio, y para hacer eso, ambos sabíamos que necesitábamos de nuevo a Dios en nuestras vidas.

El domingo que entramos en la iglesia Centro de Fe, ambos supimos que ese era el lugar donde teníamos que estar. El Obispo Fernandez estaba enseñando una serie acerca de tener éxito en su matrimonio, familia y finanzas. Era justamente lo que necesitábamos oír. Gracias a ese poderoso mensaje y la verdad que se encuentra en la Palabra de Dios, ahora llevamos casados 17 años y nuestra unión es más fuerte de lo que era antes. Hemos aprendido a poner a Dios en primer lugar y por encima de todo en lo que hacemos en nuestras vidas. Si alguien se pregunta si este mensaje funciona o no, tengo que decir: "¡Sí, funciona!". Este mensaje, a través del poder del Espíritu Santo, salvó nuestro matrimonio. No hay palabras suficientes que puedan expresar nuestra gratitud.

¿Qué ocurre con los niños?

En un hogar cristiano, los hijos también tienen una función crucial. En Colosenses 3:20, Pablo aconsejó: "*Hijos, obedeced a vuestros padres en todo, porque esto agrada al Señor*". Dios creó este mundo para estar lleno de armonía y paz, pero cuando el pecado entró en escena, sacudió esa paz, reemplazándola por rebelión y caos. Pero Cristo vino para liberarnos de esa confusión, y no hay lugar donde esa libertad se deba demostrar más que en un hogar donde Cristo sea Señor.

Hoy día, nuestra cultura les ha dado luz verde a nuestros hijos para que actúen de forma rebelde contra sus padres. Desde la música a las películas y las páginas de la Internet, en las escuelas y en la calle, los niños se esfuerzan por tener una independencia nada buena de la autoridad parental en su infancia, y esa rebeldía ha conducido a una ola de consecuencias negativas en toda la sociedad.

La Biblia deja claro el asunto de la rebeldía. Dios la sitúa en el mismo nivel que la adivinación.

> *Porque como pecado de adivinación es la rebelión, y como ídolos e idolatría la obstinación. Por cuanto tú desechaste la palabra de Jehová, él también te ha desechado para que no seas rey.*
>
> (1 Samuel 15:23)

La adivinación no es nada menos que la práctica de la misma maldad que hizo que Satanás fuera expulsado del cielo, donde quería ser igual a Dios.

En la economía de Dios, el amor y la obediencia están totalmente relacionados. Jesús nos dice que si le amamos, guardaremos un mandamientos (véase Juan 14:15). Mamás y papás, si hay algo esencial para educar y criar hijos que puedan ser capaces de permanecer fuertes en su fe, es enseñarles la importancia de la obediencia. La Biblia nos dice: *"Mas los malos hombres y los engañadores irán de mal en peor, engañando y siendo engañados"* (2 Timoteo 3:13), y la única manera en que los cristianos podrán permanecer contra esta maldad será mediante la obediencia a Dios.

> *Pero persiste tú en lo que has aprendido y te persuadiste, sabiendo de quién has aprendido; y que desde la niñez has sabido las Sagradas Escrituras, las cuales te pueden hacer sabio para la salvación por la fe que es en Cristo Jesús.*
>
> (2 Timoteo 3:14–15)

Y el mejor momento para aprender obediencia es la infancia. Para los hijos, desde la edad más temprana hasta que establezcan sus propios hogares, la línea de autoridad de Dios pasa por sus padres. Hijos, Dios quiere que respeten y obedezcan a sus padres. Es también importante que nunca les hablen de manera irrespetuosa, independientemente de cuál sea su relación (o falta de relación) con ellos. Honrar a su madre y a su padre es algo que Dios desea. De hecho, hacerlo cumple con uno de los Diez Mandamientos: *"Honra a tu padre y a tu madre"*. (Véase, por ejemplo, Éxodo 20:12). Además, es un mandamiento que viene con una promesa increíble: *"Para que tus días se alarguen en la tierra que Jehová tu Dios te da"* (Éxodo 20:12). Honrar a sus padres, obedecerles si están presentes en el hogar y darles el respeto que Dios dice que merecen, provocará que Dios bendiga su vida, para que sus años sobre la tierra sean largos y fructíferos.

Honrar a sus padres, obedecerles si están presentes en el hogar y darles el respeto que Dios dice que merecen, provocará que Dios bendiga su vida, para que sus años sobre la tierra sean largos y fructíferos.

> *Honra a tu padre y a tu madre, que es el primer mandamiento con promesa; para que te vaya bien, y seas de larga vida sobre la tierra.* (Efesios 6:2–3)

La familia más importante

Muchos individuos, hombres y mujeres, mamás y papás, hijos jóvenes y mayores, están leyendo estas páginas y pensando en los agobiantes problemas que tienen en sus propias casas y familias. Hay muchas esposas cristianas con maridos no cristianos, así como buenos maridos cuyas esposas no siguen a Cristo. De igual forma, hay niños con padres a quienes es casi imposible honrar, obedecer y respetar.

¿Cómo espera Dios que sus hijos sigan su Palabra en tales circunstancias? Por su gracia y mediante el poder de su Espíritu Santo. Jesús dijo: *"En el mundo tendréis aflicción"* (Juan 16:33) de todo tipo de individuos y grupos que no comparten la fe y el amor que usted tiene en Cristo. Algunos de esos individuos serán miembros de su familia. Nuestra tarea y privilegio es modelar la humildad de Cristo, incluso en medio de la persecución. Jesús nos prometió que, en esas situaciones, podíamos *"confiad, yo he vencido al mundo"* (Juan 16:33). Venceremos porque, mediante su muerte y resurrección, Jesús ha vencido al mundo.

El apóstol Pablo dijo: *"Si es posible, en cuanto dependa de vosotros, estad en paz con todos los hombres"* (Romanos 12:18), con los que son creyentes y con los que no lo son. Tenemos que bendecir a quienes nos atacan, venciendo el mal con el bien (véase Romanos 12:21). Tenemos que ser luz para esos individuos que se oponen a nuestra fe, para que algunos reciban la fe en Cristo.

Recuerde: como hijo de Dios, lavado en la sangre de Jesucristo, usted es un miembro de la familia más importante en el cielo y la tierra. Es la familia de Dios, y está fundada sobre un amor y aceptación perfectos. *"Así que ya no sois extranjeros ni advenedizos, sino conciudadanos de los santos, y miembros de la familia de Dios"* (Efesios 2:19). Ustedes ya no son extranjeros, como los que están fuera de la familia de Dios. En cambio, están en el orden de aceptación más alto, y la persecución que reciben de los que son extranjeros y extraños a esta familia celestial no puede tocarle o dañarle.

De hecho, como declaró Pablo, podemos estar seguros de la verdad porque *"en todas estas cosas somos más que vencedores por medio de aquel que nos amó"* (Romanos 8:37). No hay nada, ni la muerte ni la vida, ni los ángeles ni las fuerzas demoniacas, ni las presentes pruebas ni el espectro de las dificultades del mañana, que puedan separarle del amor de Dios, su Padre celestial, la Cabeza de su familia eterna (véase Romanos 8:38–39).

Parte III:

Finanzas

La economía es la mitad de la batalla de la vida. No es tan difícil ganar dinero como gastarlo bien.

—Charles Spurgeon
Autor clásico de éxitos de ventas

No valoraré nada de lo que tengo o pueda poseer, excepto en relación con el reino de Dios. Si algo hace avanzar los intereses del reino, o lo entregaré o lo guardaré, solo si dándolo o guardándolo promuevo más la gloria de Aquel a quien le debo todas mis esperanzas en el tiempo y en la eternidad.

—David Livingstone
Misionero y explorador

Capítulo 12

¿Qué es la verdadera prosperidad?

Como hijos de Dios, podemos estar tranquilos de que nuestro Padre celestial cuida de cada aspecto de nuestras vidas. En cada área en que batallemos por sacarle partido a nuestra vida, Dios está ahí con abundante gracia, poder y provisión. Quizá en ningún lugar esto es más evidente que en el área de nuestra economía.

He empleado mucho tiempo a lo largo de los años estudiando la Biblia para descubrir lo que Dios tiene que decir sobre vivir bajo sus bendiciones de abundancia, y he descubierto que Él tiene bastante que decir, y todo está centrado en los beneficios derivados de ser sus hijos. Dios desea que quienes son llamados por su nombre prosperen y tengan todo lo que necesiten para vivir vidas fructíferas sobre la tierra. Ocurra lo que ocurra a nuestro alrededor, independientemente de las calamidades que otras personas afronten, Dios ha demostrado que sus hijos no necesitan pelear para tener suficiente cuando Él ha prometido suplir todas nuestras necesidades según la abundancia de su almacén celestial.

Un asunto de confianza

Dios quiere que nosotros, su pueblo, prosperemos en todo lo que nos dispongamos a hacer. Su Palabra dice que cuando otras personas fracasan, sus hijos tendrán éxito. Cuando otras personas caigan derrotadas, sus hijos llevarán vidas de victoria. Cuando otras personas no tengan suficiente, sus hijos han de tener más que suficiente. De hecho, cuando los tiempos son difíciles, Dios quiere que la iglesia actúe como sus manos, extendidas a un mundo con necesidad. Debemos ser quienes proporcionen no solo respuestas espirituales sino también respuestas materiales a las necesidades físicas cruciales que otras personas afrontan.

Muchos de nosotros hemos visto esto en acción hasta cierto grado, a medida que iglesias y otros ministerios cristianos han repartido comida, ropa, finanzas y otras ayudas esenciales a aquellos que se han visto afectados por el declive económico que nuestra nación ha sufrido. Sin embargo, en demasiados casos vemos al pueblo de Dios luchando de la misma manera que lucha el mundo que nos rodea. Muchos cristianos están perdiendo sus trabajos, sus hogares, sus automóviles y sus cuentas bancarias al mismo paso de la gente que no conoce el poder de Dios ni vive bajo su autoridad. Demasiados cristianos están teniendo problemas para pagar sus facturas. Muchos hombres y mujeres que han caminado en fe durante los años, viviendo en prosperidad y abundancia como hijos de Dios, ahora están experimentando las mismas dificultades que el mundo que les rodea. ¿A qué se debe?

Para muchos de los hijos de Dios, se reduce a un asunto simple: nuestro Padre quiere que confiemos en Él en lugar de confiar en nuestras riquezas o circunstancias. Los no creyentes, los que no conocen a Dios, no tienen esperanza, ni herencia ni riquezas aparte de las que encuentran en la tierra. Cuando su mundo se derrumba ante sus pies, cuando pierden sus trabajos, cuando les desahucian de sus casas o cuando todo aquello por lo que han trabajado se les va de las manos en un instante, no tienen ningún otro lugar donde acudir que el gobierno o la generosidad de las organizaciones benéficas.

Eso no debería ser así con el pueblo de Dios. El salmista escribió:

> *Dios es nuestro amparo y fortaleza, nuestro pronto auxilio en las tribulaciones. Por tanto, no temeremos, aunque la tierra sea removida, y se traspasen los montes al corazón del mar; aunque bramen y se turben sus aguas, y tiemblen los montes a causa de su braveza.* (Salmo 46:1–3)

Dios es nuestro refugio y fortaleza en cada situación, siempre que los problemas llamen a nuestra puerta. Como hijos de Dios, cubiertos de forma segura por la sangre de Jesucristo, no debemos temer, incluso cuando las cosas a nuestro alrededor se desmoronen, cuando la economía se derrumbe y cuando no sepamos de dónde llegará nuestro siguiente billete; aunque la tierra sea removida de sus cimientos y los montes caigan al mar, no seremos movidos, porque Dios, mediante el poder de su Espíritu Santo, está entre nosotros y nos dará su victoria y liberación en cada situación.

Esta es la herencia de los siervos del Dios Altísimo. La promesa del Salmo 46 es el cimiento de toda nuestra abundancia, nuestra prosperidad, nuestro éxito y nuestras bendiciones en esta vida. Y aquí reside el problema de tantos cristianos, y la razón por la que muchos luchan con la deuda, la duda y la desesperación. Han vivido durante mucho tiempo confiando en lo que pueden ver, en sus trabajos, sus cuentas bancarias, sus hogares y sus posesiones, en vez de confiar en Dios, amarle y permitirle trazar el rumbo de sus barcos financieros. Han permitido que las cosas de este mundo se conviertan en su esperanza en lugar de recibir a Dios como su todo.

Jesús dijo: *"No se puede servir a Dios y al dinero"* (Mateo 6:24, NTV). Dijo que si amamos y servimos a uno, aborreceremos y rechazaremos al otro (véase el versículo 24). Si no está seguro de qué es más importante para usted, con cuál de los dos no podría vivir, si Jesús o su seguridad económica, entonces el dinero ha ganado la competición. Tristemente, se ha convertido en su señor, y Cristo ha sido relegado a un segundo lugar en su vida.

En la cultura actual, muchos hemos aceptado la idea de que no solo podemos amar al dinero y a Dios al mismo tiempo, sino que también, de algún modo, un carácter cristiano y un estilo de vida bendecido pasa por tener cada vez más posesiones materiales. Durante años, demasiados hijos de Dios han difuminado la línea existente entre las bendiciones de Él en sus vidas y su propio egoísmo y deseo por lo que este mundo puede darles. Hoy día, muchos de ellos están haciendo frente a las consecuencias.

La prosperidad es parte del pacto de bendición que Dios tiene para todos que confían en Él y hacen a Jesucristo el Señor de sus vidas.

Yo creo firmemente que la prosperidad es parte del pacto de bendición que Dios tiene para todos que confían en Él y hacen a Jesucristo el Señor de sus vidas. En Deuteronomio 28, Dios dibuja las increíbles bendiciones que prometió derramar sobre su pueblo escogido, Israel, si ellos le escuchaban y obedecían sus mandamientos. Le animo a tomar unos minutos para leer este increíble capítulo, porque esas mismas bendiciones son suyas mediante la obra consumada de Cristo. Es un catálogo de la absoluta abundancia que quienes confían en Dios pueden esperar en sus vidas.

En Gálatas, el apóstol Pablo explicó que los santos comprados por sangre mediante Jesucristo son herederos de las promesas que Dios le dio a Abraham y su descendencia.

> *Cristo nos redimió de la maldición de la ley, hecho por nosotros maldición (porque está escrito: Maldito todo el que es colgado en un madero, para que en Cristo Jesús la bendición de Abraham alcanzase a los gentiles, a fin de que por la fe recibiésemos la promesa del Espíritu.* (Gálatas 3:13–14)

Dios nos ha prometido acceso a sus muchas bendiciones, pero estas bendiciones son condicionales; no son automáticas para nosotros como hijos de Dios. Hay una llave que abre esta puerta de bendición, y esa llave es escuchar y obedecer la Palabra de Dios.

> *Te abrirá Jehová su buen tesoro, el cielo, para enviar la lluvia a tu tierra en su tiempo, y para bendecir toda obra de tus manos. Y prestarás a muchas naciones, y tú no pedirás prestado. Te pondrá Jehová por cabeza, y no por cola; y estarás encima solamente, y no estarás debajo, si obedecieres los mandamientos de Jehová*

tu Dios, que yo te ordeno hoy, para que los guardes y cumplas. (Deuteronomio 28:12–13)

La vida del hijo de Dios es una vida de fe y confianza, poniendo a Dios por encima de todo y de todos en esta vida. Como hemos visto, la condición de vivir una vida abundante y verdaderamente bendecida es lo que Jesús identificó como el mandamiento más importante de las Escrituras: *"Y amarás al Señor tu Dios con todo tu corazón, y con toda tu alma, y con toda tu mente y con todas tus fuerzas"* (Marcos 12:30). Este es el requisito previo para recibir todas las maravillosas bendiciones y promesas de Dios. El segundo mandamiento es igual de importante: *"Amarás a tu prójimo como a ti mismo"* (versículo 31).

Un regreso a la abundancia

Estas dos directrices cruciales del corazón de Dios son los ejes sobre los que está basada toda nuestra prosperidad en esta vida. En los Estados Unidos, nosotros que nos llamamos "una nación bajo Dios" hemos estado viviendo en una economía que ha estado en la cuerda floja en los últimos años. He empleado algo de tiempo para reflexionar en el porqué incluso a los cristianos les cuesta llegar a fin de mes y cómo podemos volver a ese lugar de verdadera prosperidad. Creo que la clave es esta: tenemos que arrepentirnos de la actitud que ha esperado las bendiciones de Dios sin seguir su plan. Después, debemos volver a sus caminos, seguir su Palabra y permanecer en fe en espera de los recursos que necesitamos para vivir.

¿Y cuál es la prosperidad que Él ha prometido? Así es como el apóstol Pablo lo explicó: *"Y poderoso es Dios para hacer que abunde en vosotros toda gracia, a fin de que, teniendo siempre en todas las cosas todo lo suficiente, abundéis para toda buena obra"* (2 Corintios 9:8). No sé de usted, pero la abundancia que yo quiero y la abundancia que necesito a menudo son dos cosas distintas. El auto que conduzco, la casa donde vivo y la ropa que visto podrían ser menos de lo que quiero, pero si estoy confiando totalmente en que Dios supla toda mi necesidades según sus riquezas en gloria, entonces puedo estar tranquilo de que la abundancia que Él ha provisto siempre será más que suficiente para lugar al que Él me ha llamado en esta vida. En otras palabras, puedo hacer todo lo que Él ha puesto delante de mí con los recursos que Él ha provisto.

Demasiadas personas no están satisfechas con el lugar donde Dios les ha puesto, y por eso se adelantan a la voluntad y el tiempo de Dios, pidiendo prestado dinero para comprar más de lo que pueden permitirse, y antes de darse cuenta, están con la soga al cuello.

El problema es que demasiadas personas no están satisfechas con el lugar donde Dios les ha puesto, y por eso se adelantan a la voluntad y el tiempo de Dios, pidiendo prestado dinero para comprar más de lo que pueden permitirse, y antes de darse cuenta, están con la soga al cuello. Entonces, cuestionan la bondad de Dios, diciendo: "Señor, pensaba que querías prosperarme". Es hora de que aprendamos la diferencia entre la prosperidad de Dios y nuestra propia presunción.

Presunción es lo que hizo subir la deuda de consumo de los Estados Unidos hasta aproximadamente 2,4 billones de dólares a finales de 2010, y esto no incluía la deuda hipotecaria. Presunción es lo que ha hecho que América sufra más de un millón y medio de casos de bancarrota personal en el mismo año. Presunción es lo que ha hecho que los Estados Unidos pasen de ser una nación que presta a una nación que pide prestado. Presunción es lo que nos ha cambiado de ser un pueblo que ahorra y aparta dinero para cuando lleguen "las vacas flacas" a ser un pueblo que no puede parar de comprar para estar a la última en todo.

Las cosas materiales pasarán. A la larga, nuestras posesiones terrenales son la arena sobre la que muchos hemos construido nuestras esperanzas, en lugar de ser la roca sólida de la inmutable Palabra de Dios. ¿Cómo podemos recuperar lo básico de nuestra fe y la abundancia de Dios para nuestras vidas? Creo que hay algunos pasos claros.

¿Qué prefiere tener?

Hay un antiguo himno que solíamos cantar en la iglesia titulado "Prefiero Tener a Jesús". La primera estrofa de este profundo y conmovedor canto es como sigue:

Prefiero tener a Jesús que tener plata u oro;
Prefiero ser suyo que tener innumerables riquezas;
Prefiero tener a Jesús que casas o tierras,
Prefiero que me guíe su mano traspasada.[33]

Esas palabras, escritas hace muchos años, expresan el profundo anhelo de un corazón que ha sido tocado por la misericordia de Dios mediante la salvación en Jesucristo. Cuando acudimos a Cristo, cuando hemos probado la vida abundante que Él ofrece, nuestra primera inclinación es dejarlo todo y seguirle. Él parece ser todo lo que necesitaremos en esta vida y en la vida venidera.

Por supuesto, esa es la respuesta adecuada. Jesús dijo: "*Si alguno quiere venir en pos de mí, niéguese a sí mismo, y tome su cruz, y sígame*" (Mateo 16:24). Eso significa dejar a un lado cualquier ambición de servicio a uno mismo, cualquier plan que hayamos hecho para tener riquezas y cualquier motivación secreta que pueda ir en contra del señorío total de Cristo nuestra vida.

¿Se acuerda del joven rico que acudió a Jesús y le preguntó qué tenía que hacer para heredar la vida eterna? (Véase Mateo 19:16–22). Jesús le dijo al joven que si quería la vida eterna, tenía que guardar los mandamientos de Dios. El joven rico feliz y contento le dijo a Jesús que los había guardado todos desde su juventud, y le preguntó al Salvador: "*¿Qué más me falta?*" (Mateo 19:20). Jesús le dijo que había una cosa más que tenía que hacer:

> *Si quieres ser perfecto, anda, vende lo que tienes, y dalo a los pobres, y tendrás tesoro en el cielo; y ven y sígueme.*
>
> (Mateo 19:21)

Cuando el joven rico escuchó eso, se fue triste porque, como nos dice la Escritura: "*tenía muchas posesiones*" (versículo 22). Aunque él tenía la idea de que seguir a Cristo satisfaría su más profundo anhelo de estar completo espiritualmente, el costo que debía pagar le resultó demasiado elevado. Al final, sus riquezas fueron más importantes para él que su amor por Cristo.

¡Ha llegado la hora de afrontar la realidad!

Lo mismo ocurre con muchos cristianos actualmente. Con su boca afirman que Cristo es su Señor y Salvador, pero se han engañado a sí mismos pensando que Cristo es verdaderamente su Señor. Sin embargo, para muchos, estos momentos de crisis económica han expuesto el vacío de su compromiso con Cristo. Las riquezas han sido su verdadero señor. Ahora es el momento de arrepentirse y volverse a Dios con una confianza completa y total.

Cuando el joven rico se fue, Jesús expuso cuál era uno de los mayores obstáculos para dar fruto en el reino de Dios:

> *De cierto os digo, que difícilmente entrará un rico en el reino de los cielos. Otra vez os digo, que es más fácil pasar un camello por el ojo de una aguja, que entrar un rico en el reino de Dios.*
>
> (Mateo 19:23–24)

El mundo insiste en que para tener éxito, debe ponerse a usted mismo en primer lugar y no dejar que nada ni nadie se interponga en el camino de su éxito. Sin embargo, Jesús dijo que cualquiera que muestre esa actitud terminará perdiéndolo todo, mientras que quien entregue su vida en total rendición para amar y servir a Dios obtendrá las verdaderas riquezas del reino (véase Lucas 9:24). Demasiados cristianos han adoptado la mentalidad del mundo de "obtener todo lo que pueda", y ahora se ven forzados a reevaluar qué es lo más valioso en la vida. Es como si Dios hubiera puesto a muchos de sus hijos en una situación en la que no tienen otra alternativa que rendirle todo a Él. Sus trabajos y carreras, sus planes de jubilación, sus hogares, sus autos, todo lo que pensaban que era esencial para una buena vida, ahora está en peligro. Y Dios, en efecto, está diciendo: "Suéltalo para que yo pueda llenar tu vida con las verdaderas riquezas de mi reino".

Dios no está relegando a sus hijos a toda una vida de pobreza y carencia, ya que eso sería ir en contra de su Palabra; pero en muchos casos, puede que esté insistiendo en que cambiemos nuestras prioridades, para que no sigamos buscando riquezas mundanas sino busquemos en cambio las verdaderas riquezas que vienen de lo alto.

Lo primero es lo primero

En Mateo 6, Jesús trató un problema fundamental que subraya nuestra necesidad, como seres humanos, de adquirir y aumentar nuestras posesiones. Ese problema es *el temor*. Todos tenemos necesidad de saber que tanto nosotros como nuestros seres queridos tendrán suficiente comida para comer, ropa que vestir, un techo sobre su cabeza y un sueldo suficiente para suplir todas las necesidades que tengamos. Esos deseos no son malos. De hecho, el escritor de Proverbios nos aconseja que pensemos en las hormigas:

> *Ve a la hormiga, oh perezoso, mira sus caminos, y sé sabio; la cual no teniendo capitán, ni gobernador, ni señor, prepara en el verano su comida, y recoge en el tiempo de la siega su mantenimiento.* (Proverbios 6:6–8)

Puede recordar también que como administrador del reino egipcio del faraón, José ordenó que se almacenara grano para hacer frente a una hambruna que llegaría (véase Génesis 41).

Dios no se decepciona por nuestra diligencia en el trabajo para proveer para las necesidades de nuestras familias y seres queridos; pero existe una diferencia entre una buena diligencia y el egoísmo humano. Si alguna vez se ha visto atrapado en el torbellino de adquirir riquezas, y si reconoce que se ha dedicado a edificar riquezas y un reino terrenal, preste atención.

Jesús advirtió:

> *No os hagáis tesoros en la tierra, donde la polilla y el orín corrompen, y donde ladrones minan y hurtan; sino haceos tesoros en el cielo, donde ni la polilla ni el orín corrompen, y donde ladrones no minan ni hurtan.* (Mateo 6:19–20)

Los tesoros que podemos hacer en el cielo nos llegan cuando entregamos nuestras vidas en amor y servicio a Dios y a otros, haciendo lo que Dios ha puesto delante de nosotros sin importar lo insignificante que pueda parecer.

¿Cuáles son los tesoros que podemos *"hacer en el cielo"*? Son tesoros eternos que se producen cuando nos entregamos a la tarea de amar y adorar a Dios, pasar tiempo con Él, amar y servir a aquellos que no pueden devolvernos nada a cambio, y compartir las buenas nuevas del evangelio con quienes tienen necesidad. En pocas palabras, los tesoros que podemos hacer en el cielo nos llegan cuando entregamos nuestras vidas en amor y servicio a Dios y a otros, haciendo lo que Dios ha puesto delante de nosotros sin importar lo insignificante que pueda parecer.

¿Y qué ocurre con nuestras necesidades diarias? Jesús también habló de ello diciendo:

> *No os afanéis por vuestra vida, qué habéis de comer o qué habéis de beber; ni por vuestro cuerpo, qué habéis de vestir. ¿No es la vida más que el alimento, y el cuerpo más que el vestido? Mirad las aves del cielo, que no siembran, ni siegan, ni recogen en graneros; y vuestro Padre celestial las alimenta. ¿No valéis vosotros mucho más que ellas?... Y por el vestido, ¿por qué os afanáis? Considerad los lirios del campo, cómo crecen: no trabajan ni hilan; pero os digo, que ni aun Salomón con toda su gloria se vistió así como uno de ellos.*
>
> (Mateo 6:25–26, 28–29)

No pensar en adquirir las cosas de este mundo verdaderamente es una idea radical, aparentemente ajena a nuestra manera de pensar tan atada a la tierra. Pero servimos a un Dios radical que desea darnos todas las cosas pertenecientes a la vida en su reino (véase 2 Pedro 1:3). Seguir su plan, establecido en su Palabra, es el único sendero verdadero a la prosperidad. Dios no nos dice que vivamos vidas pasivas en las que esperemos pacientemente a que sus bendiciones nos caigan del cielo, sino que nos está invitando a involucrarnos a sus negocios en la tierra, orando y trabajando para que su reino y su voluntad se establezcan en nuestra esfera de influencia. Al abandonarnos a su señorío en todas las áreas, Él promete suplir todas nuestras necesidades conforme a su abundancia ilimitada.

Jesús lo dijo de esta forma:

> *Mas buscad primeramente el reino de Dios y su justicia, y todas estas cosas os serán añadidas.* (Mateo 6:33)

Buscar las verdaderas riquezas

El Rey David fue una persona que aprendió el valor incomparable de buscar las verdaderas riquezas del reino de Dios. Como gobernante de un reino en expansión, tenía acceso a muchos de los bienes de este mundo y pasó sus días viviendo en el regazo del lujo. Pero David pensaba que Dios era su herencia, y le reconocía a Él como el tesoro que deseaba. En el Salmo 27, David escribió sobre su único deseo:

> *Una cosa he demandado a Jehová, ésta buscaré; que esté yo en la casa de Jehová todos los días de mi vida, para contemplar la hermosura de Jehová, y para inquirir en su templo.*
> (Salmo 27:4)

A pesar de todo lo que acompaña al hecho de ser rey, David solo deseaba habitar en la casa del Señor todos los días de su vida, deleitarse en la gloria y esplendor de Dios, y meditar en sus insondables caminos.

Como somos hijos de Dios mediante Jesucristo, nuestro acceso a la casa del Señor es mucho más fácil y está más claramente marcado que el de David. Tenemos el Espíritu Santo para guiarnos a toda verdad. Tenemos las insondables riquezas de la Palabra de Dios en un grado con el que David solo podía soñar. Para David, la casa del Señor era un tabernáculo hecho por manos humanas. Hoy, no tenemos necesidad de ir a un edificio físico para contemplar la gloria de Dios. "*Si bien el Altísimo no habita en templos hechos de mano*" (Hechos 7:48). En cambio, Él habita en nuestro corazón mediante el poder transformador de su Espíritu Santo. Usted y yo nos hemos convertido en el templo de Dios. Pero esa "*una cosa*" que impulsaba el corazón de David no ha cambiado. Conocer a Dios, y ser conocido por Él, sigue siendo el tesoro que triunfa sobre todos los demás.

Este tipo de devoción y compromiso es lo que Dios busca de cada uno de nosotros. Es un retrato de buscar primero el reino de Dios, el cual, según Jesús, es el prerrequisito para recibir el abundante suministro que Dios promete para todas nuestras necesidades terrenales.

Un estilo de vida de amor y devoción

Puede que para todos nosotros sea un desafío mantener la devoción y el amor que Dios busca de cada uno, pero creo que aceptar tal vida de adoración y compromiso con Cristo es el fundamento para recibir la verdadera abundancia y prosperidad que Dios quiere derramar en nosotros diariamente. Él no tiene problemas con prosperar a todos sus hijos que han muerto a las cosas de este mundo. Eso es lo que Pablo quiso decir cuando escribió:

> *Con Cristo estoy juntamente crucificado, y ya no vivo yo, mas vive Cristo en mí; y lo que ahora vivo en la carne, lo vivo en la fe del Hijo de Dios, el cual me amó y se entregó a sí mismo por mí.* (Gálatas 2:20)

Quizá piense que un estilo de vida tal de fe y compromiso con Dios es imposible. En la carne, ciertamente lo es; pero como cristiano, usted tiene el Espíritu de Dios dentro de usted, y esa es la base para toda la transformación en su vida. Si le pide a Dios diariamente que cambie su corazón y su mente, que le dé la mente de Cristo, Él lo hará. Se producirá cuando pase tiempo en la Palabra de Dios, en adoración y en oración, dándole gracias por transformarle a la imagen de Cristo.

Como cristiano, usted tiene el Espíritu de Dios dentro de usted, y esa es la base para toda la transformación en su vida.

A medida que esto ocurre, y a medida que las cosas de este mundo ocupan un segundo lugar ante las cosas de Dios, se sorprenderá de cómo sus circunstancias cambian a medida que Dios derrama sobre su vida no solo las riquezas de su reino sino también cada vez más recursos de esta tierra.

Capítulo 13

Tratar la deuda

John y Diane representan a muchas parejas americanas jóvenes de hoy día que trabajan mucho para construir su versión del sueño americano. Han estado felizmente casados durante seis años, tienen dos niños en edad preescolar y recientemente han comprado su propia casa, un rancho de tres habitaciones en los suburbios, lo suficientemente retirado del caos, la delincuencia y las multitudes de la ciudad pero lo suficientemente cerca para que John pueda viajar al centro de la ciudad a trabajar cada día.

John tiene un trabajo estable haciendo el marketing para una gran firma, pero su salario no es lo bastante elevado para que su familia viva cómodamente. Así que Diane también trabaja a tiempo parcial en una tienda local para ayudar a llegar a fin de mes. Incluso con el salario adicional de Diane, aún les cuesta costear los extras, como las vacaciones de verano, los regalos de Navidad y cumpleaños para los niños y una cena semanal como pareja. Hace un año y medio, comenzaron a poner parte de su gasto discrecional en un par de tarjetas de crédito, las cuales pretendían pagar cada mes.

Las cosas parecían ir bien los primeros meses, pero no pasó mucho tiempo hasta que la presión se amontonó a medida que los pagos del automóvil, los pagos de la hipoteca, las facturas de los servicios domésticos, junto con un aluvión de gastos imprevistos, comenzaron a comerse el presupuesto mensual de la pareja. Cuando el dinero escaseaba, las tarjetas de crédito poco a poco se convirtieron en su válvula de seguridad donde acudir para hacer la compra y poner gasolina o para comprar eso que "era necesario".

Después de un año viviendo de esa forma, su gasto les hizo retrasarse cada vez más en sus gastos mensuales y pagos de las tarjetas de crédito. Las cartas y las llamadas telefónicas de los cobradores les robaban gran parte de la felicidad a esta pareja. Finalmente, John y Diane se vieron forzados a tomar algunas decisiones difíciles acerca de su estilo de vida y su futuro.

La deuda es la peor de las pobrezas. —Thomas Fuller

Una actitud de derecho

¿Le resulta familiar la historia de John y Diane? Tristemente, millones de americanos han caído en una trampa similar, convencidos de que el crédito fácil y una actitud de "compra ahora, paga después" es la manera americana. Demasiados americanos han perdido de vista el compromiso con una sólida administración financiera que generaciones previas aceptaban como algo crucial para su supervivencia. De hecho, hoy día nuestra nación está cargada de deuda, tanto pública como privada, de una magnitud inimaginable para generaciones anteriores, y la razón tiene mucho que ver con la actitud de derecho que se ha establecido en la mentalidad de nuestra nación.

Veamos, por ejemplo, la deuda nacional: la suma de toda la deuda pendiente contraída por el gobierno federal. Cuando el Presidente Barack Obama ocupó el poder el 20 de enero de 2009, ¡la deuda nacional de los Estados Unidos era la cifra excepcional de 10.6 billones de dólares! Al final de su primer mandato, esa cifra se prevé que sea alrededor de 16.5 billones de dólares.[34] Mientras escribo esto, la deuda actual es de más de 14 billones de dólares, ¡o más de 46 000 dólares por cada ciudadano americano!

Tal océano de deuda se ha producido a lo largo de años de gasto en programas y proyectos que los primeros padres de América nunca imaginaron, muchos de los cuales el gobierno no tenía autoridad constitucional para crear. En el 2010, el gobierno americano gastó 1.340 billones de dólares más de los que ingresó. El déficit presupuestario de 2011 se prevé que esté en torno a 1.500 billones de dólares.[35]

A nivel personal, la situación económica del estadounidense promedio nunca ha sido peor. En 2010, la cantidad total de la deuda del consumidor de los Estados Unidos, que incluye tarjetas de crédito y otra deuda pero no hipotecas o préstamos de segunda hipoteca, ascendió a 2.400 billones de dólares. En 1982, el trabajador promedio americano ahorraba más del once por ciento de su ingreso discrecional. En 2008, ese índice de ahorros personales había caído en picado hasta el 0,4 por ciento. Muchos economistas achacaron ese descenso a años de crédito fácil que sumió a los americanos en un frenesí imparable de gastar como locos, que ha sido frenado solamente por la difícil economía de nuestro país. Por fortuna, en 2010 los americanos elevaron su índice promedio de ahorros de nuevo hasta el 5,3 por ciento de sus ingresos anuales.

No es exagerado sugerir que una actitud de derecho personal ha sido el fundamento de gran parte de lo que ha ido mal tanto en nuestras finanzas públicas como en las privadas en América. En la década de 1960, las iniciativas públicas se creaban para luchar contra la pobreza y el deterioro urbano. Durante los últimos cuarenta y cinco años, esos programas especiales se han convertido en monstruosidades patrocinadas con dinero público que han condicionado a millones de americanos a esperar que el gobierno se convierta en su cuidador desde que nacen hasta que mueren. Lo que comenzó como apartar miles de millones de dólares para ayudar a los pobres, los desempleados, los huérfanos y los necesitados se ha transformado en un despilfarro de billones de dólares de contribuyentes que van a parar a las manos de un ejército cada vez mayor de individuos "necesitados".

La idea de una gratificación demorada, de que uno debiera ahorrar y tener el dinero en la mano antes de hacer una compra, se ha convertido en una idea ajena para muchos.

En cuanto a nuestros hábitos de gasto personal, incontables millones de americanos han crecido con la actitud de que no debería haber límites a su felicidad y comodidad, y que deberían poder comprar todo lo que desee su corazón. La idea de una gratificación demorada, de que uno debiera ahorrar y tener el dinero en la mano antes de hacer una compra, se ha convertido en una idea ajena para muchos. En cambio, se han arraigado actitudes que insisten solo en tener lo último y lo mejor, y en que lo más grande es siempre mejor y que debemos tenerlo ya.

> Nunca gaste su dinero antes de haberlo ganado.
>
> —El Presidente Thomas Jefferson

Encontrar contentamiento

Qué ajeno es el sentimiento de "tenerlo todo ahora" para el evangelio de Jesucristo, quien, como nos dice la Escritura, *"siendo en forma de Dios, no estimó el ser igual a Dios como cosa a que aferrarse, sino que se despojó a sí mismo, tomando forma de siervo, hecho semejante a los hombres"* (Filipenses 2:6–7). Esta misma mentalidad, la de un siervo, debe ser también la nuestra, motivando e informando todo lo que somos y todo lo que hacemos. ¡Piense en ello! Un siervo comprometido con su amo no piensa en conseguir cada vez más. Sus pensamientos están centrados en dar y servir.

Sin embargo, en la cultura actual, el yo es el rey, incluso entre el pueblo de Dios. Demasiados de nosotros hemos entrado en el "reino del yo", una mentalidad que permite que nuestros apetitos e impulsos controlen cada una de nuestras acciones. El precio que muchos de nosotros hemos pagado es horrendo. América se está hundiendo en un océano de deuda, y necesitamos cambiar el rumbo.

Este cambio es posible si nos esforzamos por conseguirlo. Se empieza entendiendo que la verdadera prosperidad comienza con el contentamiento. Aunque la Biblia está llena de promesas de Dios de prosperar y bendecir a los que confían en Él, el apóstol Pablo escribió: *"Pero gran ganancia es la piedad acompañada de contentamiento; porque nada hemos traído a este mundo, y sin duda nada podremos sacar"* (1 Timoteo 6:6–7). Mientras Dios nos provea de lo necesario para la vida, algo que Él ha prometido hacer en abundancia, podemos tener gran contentamiento en la vida.

> *Sean vuestras costumbres sin avaricia, contentos con lo que tenéis ahora; porque él dijo: No te desampararé, ni te dejaré.*
> (Hebreos 13:5)

¿Se da cuenta? Si adoptamos una actitud de contentamiento, Dios se convierte en nuestra herencia, tanto en esta vida como en la siguiente. Él desea ser de mucho más valor para nosotros que cualquier posesión terrenal.

Pablo advirtió que quienes van en pos de la riqueza inevitablemente caerán en tentaciones y quedarán atrapados.

> *Porque los que quieren enriquecerse caen en tentación y lazo, y en muchas codicias necias y dañosas, que hunden a los hombres en destrucción y perdición.* (1 Timoteo 6:9)

Creo que la coacción económica que muchos individuos y familias viven hoy diariamente es parte de lo que Pablo nos advirtió. Ir en pos de riquezas ha llevado a muchos a una espiral descendente de dolor y sufrimiento financiero, y solamente el poder y la misericordia de Dios pueden salvarles.

> *No te desampararé, ni te dejaré.* (Hebreos 13:5)

Salir y permanecer firme

Quedar enterrado en la deuda no ocurre de la noche a la mañana en la mayoría de los casos, y salir de ella tampoco ocurrirá de forma rápida. Pero creo que Dios tiene una gracia especial para quienes están en este tipo concreto de atadura, y esa gracia puede guiar incluso a la persona más atada y desesperada a la libertad económica y la verdadera prosperidad.

Este libro no está pensado para dar consejos detallados sobre cómo consolidar la deuda, trabajar con los acreedores, establecer un presupuesto y regresar a caminar con firmeza económica. Hay muchos libros, páginas web y organizaciones que pueden dar instrucciones detalladas sobre cómo saldar la deuda y lograr la libertad económica. Sin embargo, creo que *puedo* darle algunos consejos básicos sobre alcanzar un estilo de vida de contentamiento que le ayude a ser un administrador sabio de los recursos con los que Dios le ha bendecido.

Con las promesas de Dios en su corazón y en sus labios, puede declarar: "*Todo lo puedo en Cristo que me fortalece*" (Filipenses 4:13). Puede decirse a usted mismo: "*Mi Dios, pues, suplirá todo lo que os falta conforme a sus riquezas en gloria en Cristo Jesús*" (versículo 19).

Se necesita determinación

Cuando usted esté decidido a que nada le impedirá conseguir todo lo que Dios tiene para su vida, estará de camino a una total libertad económica. Quiero animarle a que los siguientes pasos sean su grito de guerra por la libertad, y quiero que los declare diariamente en pensamiento, palabra y obra.

Paso 1: Decidir vivir con el estándar de bendición de Dios

Creo que Dios tiene un estándar de vida que deberíamos trabajar para conseguir. El estándar no es el mismo para todos. Todos necesitamos orar, buscar la guía de Dios y encontrar ese lugar de perfecta abundancia que Él tiene para nosotros. Los problemas surgen cuando nos comparamos con otros, vivimos por encima de nuestro nivel, nos sumergimos de cabeza e intentamos nadar en aguas que Dios nunca puso ahí.

A pesar de lo que le pueden haber dicho, Dios no ha destinado a todos sus hijos a que sean millonarios. No todos vivirán en una mansión, conducirán un automóvil de lujo ni harán tratos empresariales de millones de dólares. No todos tienen la aptitud y la unción espiritual para ser administradores de una gran fortuna. Dios ha dado esa gracia a algunos individuos, y su responsabilidad es vivir vidas humildes y santas como siervos de Dios. Su riqueza no les fue dada para satisfacer lujurias y deseos carnales, sino para cumplir el destino de Dios para sus vidas.

Dios ha prometido que su gracia abundará en sus circunstancias para que siempre tenga provisión suficiente para lo que Él le ha llamado a hacer.

Otras personas tienen diferentes llamados que no incluyen grandes cantidades de riqueza. Su obligación, ante Dios y ante los demás hombres, es seguir el camino en el que Dios les ha puesto, con la total seguridad de que su gracia suficiente para ese camino (véase 2 Corintios 12:9).

Tenga la confianza de que Dios ha prometido que su gracia abundará en sus circunstancias para que siempre tenga provisión suficiente para lo que Él le ha llamado a hacer (véase 2 Corintios 9:8). Como hijos de Dios, podemos repetir las palabras del apóstol Pablo: *"pues he aprendido a contentarme, cualquiera que sea mi situación"* (Filipenses 4:11).

Paso 2: Decidir ser agradecido

Uno de los asuntos principales que Dios tuvo que tratar en la nación de Israel fue su queja y murmuración. Dios les había apartado de las demás naciones de la tierra, educándoles para ser la demostración física de su misericordia y fidelidad al resto del mundo. Lo único que les pidió hacer fue confiar implícitamente en Él, y prometió bendecirles más que a las demás naciones de la tierra.

Pero cuando Él les guiaba por el desierto de camino a la herencia que deseaba darles, una y otra vez se quejaron de sus circunstancias, su provisión y las dificultades que encontraban. En una ocasión, los hijos de Israel se desanimaron tanto que comenzaron a quejarse contra Dios y contra su siervo Moisés por haberles sacado de la esclavitud en Egipto y llevarles al desierto. Se quejaron por la falta de comida y agua, aún cuando Dios había suplido abundantemente todas sus necesidades. A medida que siguieron quejándose, serpientes venenosas salieron del desierto, mordiendo y matando a muchos. Sus propias actitudes les habían metido en problemas; habían reemplazado la fe y el agradecimiento por un espíritu de murmuración y rebeldía. No obstante, incluso en su pecado, Dios estuvo ahí con la respuesta: una serpiente en un poste, la cual las personas solo tenían que mirar para ser sanadas de las mordeduras mortales de las serpientes (véase Números 21:5–9).

El apóstol Pablo nos dijo que ejemplos bíblicos como estos fueron dados para nuestro propio beneficio, para que pudiéramos saber cómo quiere Dios que respondamos cuando lleguen los problemas (véase 1 Corintios 10:1–13). La Biblia deja claro que si mantenemos un corazón agradecido ante Dios, independientemente de nuestras circunstancias, seremos fortalecidos para la victoria en cada prueba que afrontemos.

> *Estad siempre gozosos. Orad sin cesar. Dad gracias en todo, porque esta es la voluntad de Dios para con vosotros en Cristo Jesús.* (1 Tesalonicenses 5:16–18)

¿Está teniendo problemas con el pago de sus facturas? Dé gracias a Dios porque, mediante Jesucristo, sus necesidades serán suplidas. ¿Ha sido despedido de su trabajo? Dé gracias a Dios por tener otra fuente mejor de ingresos esperándole. Muchas personas actualmente están bajo un estrés tremendo al tener que hacer frente a la incertidumbre financiera. Hay solo una respuesta: por muy difíciles que sean sus circunstancias, dé gracias a Dios por su inagotable cuidado de usted.

Tenga la seguridad de que mantener un corazón agradecido a Dios no es un ejercicio inútil. Más bien, es una decisión intencional de que, sin importar lo que se cruce en su camino, buscará de manera expectante la respuesta de Dios.

Paso 3: Decidir no temer

Más que ninguna otra emoción, el temor parece haber ocupado el centro del escenario en los corazones de hombres y mujeres en toda nuestra nación. Para personas que han vivido durante mucho tiempo con muy poca o ninguna preocupación por las cosas del mañana, verse de repente sin la seguridad económica que tenían antes es algo devastador. Pero eso es exactamente lo que está ocurriendo. Para muchos, sus cimientos se han tambaleado ante sus propios ojos, dejándoles con nada a lo que aferrarse.

Pero para quienes conocen a Dios, este es un tiempo para la confianza. Dios nos está diciendo:

> *No tengas miedo, porque yo estoy contigo; no te desalientes, porque yo soy tu Dios. Te daré fuerzas y te ayudaré; te sostendré con mi mano derecha victoriosa.* (Isaías 41:10, NTV)

Recuerde: "*Porque no nos ha dado Dios espíritu de cobardía, sino de poder, de amor y de dominio propio*" (2 Timoteo 1:7). Al saber que Él suplirá todas sus necesidades con su abundancia, puede declarar confiadamente: "No temeré".

Paso 4: Decidir confiar en Dios para su libertad financiera

> **Caminar en el nivel de prosperidad que Dios ha prometido se puede resumir en confiar en que Él logrará su perfecta voluntad en todo lo que respecta a usted.**

Caminar en el nivel de prosperidad que Dios ha prometido se puede resumir en confiar en que Él logrará su perfecta voluntad en todo lo que respecta a usted. A medida que usted se alimente diariamente de la Palabra de Dios y medite en las riquezas de su gloria y misericordia, descubrirá que sus circunstancias se alinean con la voluntad de Él en un grado aún mayor. Verá que comienza a declarar con el Rey David: "*Jehová cumplirá su propósito en mí*" (Salmo 138:8). Aunque atraviese varias dificultades que prueban su fe, no será movido. Al igual que Job, declarará que Dios "*conoce mi camino; me probará, y saldré como oro*" (Job 23:10).

Este es el testimonio de Natasha, una mujer que nunca vaciló en su confianza en Dios, incluso cuando su mundo estaba en peligro de desmoronarse a su alrededor.

> *He creído en el diezmo toda mi vida. Desde joven, me enseñaron a tener fe en Dios, a pesar de las circunstancias. Para mí, diezmar ha sido una parte importante de esa fe. Siempre que he dejado de diezmar, inmediatamente me sentí incómoda, como si algo me faltara. Durante los años, Dios ha demostrado ser fiel una y otra vez. Nunca ha estado necesitada económicamente; nunca he tenido que pedirle a otra persona ayuda económica.*
>
> *En 2006, tras años de búsqueda, Dios finalmente me bendijo con una casa que podía comprar. Como muchos otros compradores en ese momento, conseguí un préstamo de interés único que se convertiría en un préstamo revisable después de tres años. En 2008, mi agente inmobiliario me animó a considerar modificar el préstamo a un interés fijo. Tenía miedo de que el interés fuese ajustado a una cantidad que yo no pudiera permitirme pagar. Me presentó a un hombre que me ayudó a rellenar la solicitud. Esto llevó a varios meses de tratos con la compañía que financiaba el préstamo. Durante este tiempo, mi empresa comenzó a quedarse atrás y, por primera vez, entendí que podría perder mi casa si no se aprobaba la modificación. Sin embargo, seguí orando a Dios y nunca perdí el sueño.*
>
> *Después de seis meses de proceso, el banco finalmente aprobó la modificación del préstamo. Mi tasa de interés bajó del 6.75 por ciento al 3.8 por ciento. Mi pago hipotecario bajó de ser más de 1.000 dólares a ser solo de 533. Además de eso, el banco quitó más de 20 000 dólares de la cantidad del préstamo porque la casa había devaluado su valor.*
>
> *Dos años después, en 2010, recibí una carta diciéndome que mi cuenta estaba en deuda y que debía más de 23 000 dólares, los cuales debía pagar en un mes o, de lo contrario, el banco me declararía insolvente. Eso no tenía sentido, ya que*

el pago de mi deuda había sido retirado automáticamente de mi cuenta de ahorros cada mes. Tras hablar con ellos, me dijeron que la modificación de mi préstamo me había vuelto a poner por error en un préstamo de interés único. Ninguno de mis pagos se había descontado de la cantidad principal del préstamo.

Me quedé deshecha. Sin embargo, después de llamar a mi madre, me acordé de todas las enseñanzas acerca de la fe que había escuchado del pastor Fernandez durante tantos años. Me di cuenta de que esa era tan solo otra montaña que Dios iba a quitar. Dije: "Mamá, esto va a obrar a mi favor; verás". Dios me había bendecido con esa casa, y nunca me había retrasado en los términos financieros. Estaba segura de que Él no iba a quitármela.

Y así fue, poco después me dijeron que el error había sido corregido y que se habían reducido 79 000 dólares de la cantidad principal del préstamo. Al hacerlo, mi pago mensual se redujo otros cien dólares.

Hay tantas historias de bendición relacionadas con esa casa que sé que Dios quiso que la tuviera. Esperé mucho para poder comprarla, y Dios me ha recompensado continuamente por mi paciencia. Cada día, estoy aprendiendo a confiar en Él en todas las cosas. Cada día, intento caminar en fe, sin concesiones.

Ir en pos del oro

Amigo, no hay prosperidad que Dios pueda darle que sea más valiosa que la verdad eterna de Job 23:10. Como he venido diciendo a lo largo de este libro, ser cada vez más semejante a Cristo en todo, ser conformado a su imagen, es el objetivo más grande que podemos tener en esta vida. Proverbios 4:18 dice: *"Mas la senda de los justos es como la luz de la aurora, que va en aumento hasta que el día es perfecto"*. Cada día, al caminar cerca de Dios y buscar su rostro, Él promete cambiarnos "*de gloria en gloria*" (2 Corintios 3:18) a la imagen de su Hijo.

La verdadera prosperidad y abundancia comienzan, y terminan, viendo cómo esto se cumple en su vida y en las vidas de sus seres queridos. Mi oración por usted es que verdaderamente "vaya en pos del oro", buscando con todo su corazón convertirse en la persona que Dios quiere que sea y no conformándose con nada menos que lo mejor que Él tenga para usted en cada aspecto de su caminar en esta tierra.

Capítulo 14

Gracia para dar

Jesús dijo: *"Más bienaventurado es dar que recibir"* (Hechos 20:35), y nos enseñó cómo entregándolo todo, su propia vida y su ser, para que pudiéramos ser reconciliados con Dios. Pocos cristianos hoy parecen entender que su vida en Cristo debiera estar centrada en dar, y no en conseguir. Aunque llegamos a Cristo con una vida sobrecargada de afanes, buscando limpieza del pecado, sanidad para nuestros cuerpos, paz para nuestra alma, liberación de las ataduras, santificación para nuestras vidas y suplir nuestras necesidades diarias, cuando hacemos a Jesús nuestro Señor, nos colocamos en el fluir de la abundancia interminable de Dios. Debido a que Él nos ha asegurado que suplirá todas nuestras necesidades conforme sus riquezas en gloria (véase Filipenses 4:19), tenemos la libertad de abandonar nuestra propia agenda y deseos y enfocarnos en ser canales que suplan las necesidades de otros.

Por eso Jesús le dijo al joven rico que necesitaba hacer otra cosa además de cumplir todos los mandamientos de Dios: *"vende todo lo que tienes, y dalo a los pobres, y tendrás tesoro en el cielo; y ven, sígueme"* (Lucas 18:22). De igual forma, Jesús claramente nos enseña a todos que para ser verdaderamente su seguidor…

> *…tiene que abandonar su manera egoísta de vivir, tomar su cruz y seguirme. Si tratas de aferrarte a la vida, la perderás, pero si entregas tu vida por mi causa, la salvarás. ¿Y qué beneficio obtienes si ganas el mundo entero pero pierdes tu propia alma? ¿Hay algo que valga más que tu alma?*
>
> (Mateo 16:24–26, NTV)

De algún modo, esta advertencia se pierde en nuestra idea de intentar hacer a Dios nuestro "facilitador personal de bendiciones". A menudo declaramos todos los versículos que dicen que Él va a bendecirnos a la vez que ignoramos la necesidad aún mayor de abandonarnos del todo, todo lo que somos y todo lo que tenemos, a su señorío.

La verdadera gracia de Dios que fluye en nosotros y a través de nuestras vidas depende de nuestra disposición a permitir que Él nos convierta en dadores compasivos y alegres, y en ningún otro lugar vemos esto de modo más claramente demostrado que en el área de nuestras finanzas.

Dar alegre y generosamente

Una vez escuché una historia acerca del rico empresario americano Henry Ford, a quien alguien se le acercó pidiéndole que donara dinero para un nuevo hospital en una comunidad en particular. Ford hizo lo que consideró una donación generosa de cinco mil dólares, pero se quedó aterrado cuando leyó los titulares del periódico al día siguiente: "Henry Ford dona cincuenta mil dólares para un nuevo hospital". Ford telefoneó rápidamente al editor del periódico para decirle que había habido un grave error, a lo que el editor respondió que haría la corrección gustosamente: "Henry Ford reduce la donación a cinco mil dólares". El empresario de automóviles, bien conocedor de los medios, se dio cuenta de que ese giro en la noticia le haría parecer un tacaño, así que a regañadientes accedió a donar los cincuenta mil dólares, aunque seguía sin ser un gran sacrificio para él.

¿Cuántas veces le ha puesto Dios en posición de dar generosa y alegremente de la abundancia con la que Él ha suplido nuestras vidas, solo para ver cómo damos con reticencia, cautelosamente o incluso quejándonos? Segunda de Corintios 9 nos da una visión cristalina de lo mucho que Dios quiere ver a sus hijos dar, y cómo responderá Él a la actitud que inspira nuestro dar. El apóstol Pablo comparó el hecho de dar de nuestros recursos, nuestra sabia y buena administración financiera, a un agricultor que planta semillas en su campo, diciéndonos: *"Un agricultor que siembra sólo unas cuantas semillas obtendrá una cosecha pequeña. Pero el que siembra abundantemente obtendrá una cosecha abundante"* (2 Corintios 9:6, NTV). Después, Pablo dijo: "*Cada uno debe decidir en su corazón cuánto dar; y no den de mala gana ni bajo presión, «porque Dios ama a la persona que da con alegría"* (versículo 7, NTV).

¿Cuál es la respuesta de Dios a lo que voluntariamente ofrecemos como un regalo? Él "*proveerá con generosidad todo lo que necesiten. Entonces siempre tendrán todo lo necesario y habrá bastante de sobra que compartir con otros"* (2 Corintios 9:8, NTV). Como ve, podemos dar con la plena certeza de que nuestro Padre celestial nunca nos dejará sin todo lo que necesitemos, y mucho más, para las circunstancias en que Él nos haya situado.

Si da lo que no necesita, eso no es dar. —Madre Teresa

Refleje el corazón de Dios cuando dé

Hay una historia en el libro de Marcos que ilustra poderosamente la actitud que Dios quiere que tengamos como dadores. Jesús se sentó en el templo un día, y observó que la gente acudía a dejar sus ofrendas en el templo. Muchos de los que dejaban monedas en la caja de la ofrenda eran ricos, y sus ofrendas eran sustanciales. Entonces llegó también una pobre viuda, una mujer que obviamente tenía muy poco en cuanto a riquezas del mundo. Mientras Jesús observaba, la viuda depositó dos pequeñas monedas, una cantidad ínfima comparada con las contribuciones que habían hecho las personas ricas. No obstante, hablando de las acciones de esa mujer, las palabras de Jesús revelaron el corazón del Padre:

> *Les digo la verdad, esta viuda pobre ha dado más que todos los demás que ofrendan. Pues ellos dieron una mínima parte de lo que les sobraba, pero ella, con lo pobre que es, dio todo lo que tenía para vivir.* (Marcos 12:43–44, NTV)

¿Cuánto quiere Dios que demos? El autor cristiano C. S. Lewis dijo: "No creo que podamos zanjar cuánto debiéramos dar. Me temo que la única regla segura es dar más de lo que podamos ahorrar".[36] Ese es el corazón de Dios. Cuando Él dio a su único Hijo por nosotros, dio hasta que le dolió. Dar a su Hijo fue más de lo que Él quería ahorrar, y sin embargo lo hizo voluntariamente por usted y por mí. ¿Cómo podemos nosotros dar menos?

La mejor parte del dar es que nuestro Padre ha prometido devolvernos multiplicado todo lo que hayamos dado, para que tengamos más que suficiente para nuestras necesidades y las necesidades de aquellos a quienes Dios nos ha llamado a ministrar.

Jesús estableció ese punto claramente cuando declaró:

> *Den, y recibirán. Lo que den a otros les será devuelto por completo: apretado, sacudido para que haya lugar para más, desbordante y derramado sobre el regazo. La cantidad que den determinará la cantidad que recibirán a cambio.* (Lucas 6:38, NTV)

> Lo que he gastado, se ha marchado; lo que guardé, lo he perdido; pero lo que di será mío para siempre.
>
> —Ethel Percy Andrus

Dar de la necesidad

El problema con muchas personas hoy día es que, en el ámbito del dar, han decidido permanecer en su zona de comodidad, dando lo que es conveniente en lugar de dar, como la viuda en el templo, de su necesidad. Solo dan de lo que les queda después de haber pagado las facturas y haber hecho la compra mensual en vez de dar primero al reino, permitiendo que Dios cubra cualquier carencia.

En 1 Reyes, Dios nos dio un ejemplo de lo que ocurre cuando le damos de nuestra necesidad. El profeta Elías fue dirigido por Dios a ir a la ciudad de Sarepta a buscar a una viuda a quien Dios usaría para sostenerle con lo necesario para vivir. Cuando llegó a la ciudad, efectivamente, allí estaba la mujer, a quien Elías dijo:

> *Te ruego que me traigas un poco de agua en un vaso, para que beba. Y yendo ella para traérsela, él la volvió a llamar, y le dijo: Te ruego que me traigas también un bocado de pan en tu mano.* (1 Reyes 17:10–11)

Pero había un problema. La mujer y su hijo estaban más que necesitados, hasta el punto de casi morir de hambre. La mujer respondió:

> *Vive Jehová tu Dios, que no tengo pan cocido; solamente un puñado de harina tengo en la tinaja, y un poco de aceite en una vasija; y ahora recogía dos leños, para entrar y prepararlo para mí y para mi hijo, para que lo comamos, y nos dejemos morir.* (1 Reyes 17:12)

La fe de esta mujer estaba a punto de ser probada cuando Elías, siguiendo el impulso del Espíritu Santo, respondió a su necesidad.

> *No tengas temor; ve, haz como has dicho; pero hazme a mí primero de ello una pequeña torta cocida debajo de la ceniza, y tráemela; y después harás para ti y para tu hijo.* (1 Reyes 17:13)

Pero Elías no se detuvo ahí. Hizo esa promesa a la mujer por su fidelidad a la hora de dar a Dios en medio de su necesidad:

> *Porque Jehová Dios de Israel ha dicho así: La harina de la tinaja no escaseará, ni el aceite de la vasija disminuirá, hasta el día en que Jehová haga llover sobre la faz de la tierra.* (1 Reyes 17:14)

Las Escrituras nos dicen que debido a la fidelidad y obediencia a Dios de esta mujer:

> *Entonces ella fue e hizo como le dijo Elías; y comió él, y ella, y su casa, muchos días. Y la harina de la tinaja no escaseó, ni el aceite*

> *de la vasija menguó, conforme a la palabra que Jehová había dicho por Elías.* (1 Reyes 17:15–16)

Siga el principio de las primicias

Hay un importante principio bíblico en esta historia: no importa lo que esté ocurriendo a su alrededor, las dificultades que esté experimentando el mundo, o lo mal que pueda estar la economía. Si usted es un hijo de Dios, viviendo en el rebosar de su abundancia y confiando en su cuidado, puede estar tranquilo de que su harina y su aceite nunca se agotarán. Siempre tendrá suficiente, más que suficiente, para suplir sus necesidades y tener éxito en cumplir el llamado de Dios en su vida. Pero hay una condición: debe estar dispuesto a dar de su necesidad, no solo de su sobrante. Quizá no esté experimentando el grave apuro de la viuda de Sarepta, y quizá no le queden tan solo dos o tres céntimos, como la viuda que Jesús vio en el templo, pero repito: ¿quién sabe qué dificultades y pruebas viviremos usted y yo más adelante? Sean cuales sean las circunstancias, Dios quiere que usted esté dispuesto a dar primero a su reino, y luego a confiar en que Él hará más que suplir todas sus necesidades.

> *Honra a Jehová con tus bienes, y con las primicias de todos tus frutos; y serán llenos tus graneros con abundancia, y tus lagares rebosarán de mosto.* (Proverbios 3:9–10)

Quizá no sea agricultor con cosechas y un granero, pero el principio permanece inalterable: si usted honra a Dios dándole las "*primicias*" de todo lo que gane, Él se asegurará de que tenga usted abundancia en todo lo que necesite.

Dios abrirá las ventanas de los cielos

El deseo de Dios es "*abriré las ventanas de los cielos, y derramaré sobre vosotros bendición hasta que sobreabunde*" (Malaquías 3:10). Pero es importante que usted se asegure de que su corazón esté en el lugar correcto para poder recibir sus bendiciones de provisión.

Observe a los hijos de Israel que habían regresado a Jerusalén después del largo exilio de Israel en Babilonia. Dios había hecho regresar a su pueblo y había prometido bendecirles si confiaban en Él y le adoraban. Pero, aunque comenzaron fuertes y fieles, no tardaron mucho en vacilar en su compromiso y comenzaron a quedarse con las primicias de lo que Él les daba. Dios les habló sobre esta situación mediante el profeta Malaquías, advirtiéndoles que al retener tanto su diezmo (la primera décima parte de su ingreso) y sus ofrendas (dádivas voluntarias después del diezmo), le estaban robando a Él y causando maldición sobre sí mismos.

> *¿Robará el hombre a Dios? Pues vosotros me habéis robado. Y dijisteis: ¿En qué te hemos robado? En vuestros diezmos y ofrendas. Malditos sois con maldición, porque vosotros, la nación toda, me habéis robado.* (Malaquías 3:8–9)

Mire sus propias circunstancias. ¿Es usted culpable de retener y no darle a Dios la primera parte de sus ingresos? ¿Observa que es usted tacaño con su Padre celestial cuando se trata de las ofrendas voluntarias? Si es así, esta puede ser la razón por la que sienta que nunca parece tener suficiente dinero para suplir sus propias necesidades. Recuerde: Dios es el dueño de todo lo que usted tiene, y cuando usted le da, simplemente le está devolviendo lo que ya es de Él. Y Dios nunca permitirá que le dé más de lo que Él le da a usted.

Recuerde: Dios es el dueño de todo lo que usted tiene, y cuando usted le da, simplemente le está devolviendo lo que ya es de Él. Y Dios nunca permitirá que le dé más de lo que Él le da a usted.

Hay un remedio de éxito casi asegurado para esta carencia, para la maldición de pobreza que quizá pueda ver sobre su vida. Es el mismo remedio que Dios dio a los hijos de Israel.

> *Traed todos los diezmos al alfolí y haya alimento en mi casa; y probadme ahora en esto, dice Jehová de los ejércitos, si no os abriré las ventanas de los cielos, y derramaré sobre vosotros bendición hasta que sobreabunde. Reprenderé también por vosotros al devorador, y no os destruirá el fruto de la tierra, ni vuestra vid en el campo será estéril, dice Jehová de los ejércitos. Y todas las naciones os dirán bienaventurados; porque seréis tierra deseable, dice Jehová de los ejércitos.*
>
> (Malaquías 3:10–12)

La progresión de Dios para su prosperidad

Al leer el pasaje anterior, veo una clara progresión de la bendición de Dios sobre su pueblo a medida que le obedecen y ponen los propósitos de su reino antes que sus propias necesidades y deseos.

1. Usted da los diezmos y ofrendas a Dios.

El primer paso es de usted. El primer diez por ciento de todo lo que gana le pertenece a Dios y va para su iglesia o congregación: el lugar donde usted se alimenta espiritualmente, donde rinde cuentas y donde Dios le ha puesto para ministrar y para ser ministrado. Además de eso, Dios desea que usted dé ofrendas con un corazón de agradecimiento y compasión, así como una carga por ver su reino y su voluntad establecidas en la tierra. ¿Hay un ministerio que Dios haya puesto en su corazón que podría usar su ayuda económica? Dios quiere que usted dé para proveer para esa necesidad. ¿Hay algún ministerio de televisión que le haya bendecido en un tiempo de necesidad? Envíe una ofrenda que les ayude a seguir trabajando en lo que Dios les ha llamado. ¿Ha observado alguna familia necesitada o grupo en su vecindario o comunidad que podría beneficiarse de un regalo financiero? Probablemente no necesite orar al respecto. Tan solo actúe y ayude a suplir la necesidad.

2. Dios abrirá las ventanas de los cielos y derramará una bendición mayor de lo que usted pueda recibir.

El siguiente paso es de Dios, y uno que Él ha prometido dar por usted. Cuando usted actúe en fe y obediencia, Él responderá con una bendición bien colocada en su lugar específico de necesidad.

3. Dios reprenderá al devorador, impidiendo que el enemigo destruya el fruto de su trabajo.

Jesús dijo que Satanás vino para matar, robar y destruir todo lo que le pertenece. Él es el devorador, pero Jesús vino para darle vida en abundancia, llenarle hasta que rebose (véase Juan 10:10). Cuando Jesús murió en la cruz y resucitó victorioso de la tumba, estaba reprendiendo abiertamente al devorador, de una vez y para siempre. A través de Jesús, usted puede permanecer victorioso contra todas las asechanzas que el diablo puede usar para estropear su éxito e impedir que reciba las bendiciones que Dios ha prometido. Puede que tenga que permanecer firme contra los ataques del enemigo, pero tenga la seguridad de que si se aferra a la Palabra de Dios, y la declara con valentía en medio de su necesidad, verá victoria en sus finanzas.

4. Todos los que le rodean sabrán que Dios le ha bendecido.

En lugar de ser cola, será cabeza (véase Deuteronomio 28:13). En lugar de tener una reputación de pobreza y carencia, será reconocido como alguien a quien Dios ha bendecido.

Nunca me canso de escuchar a hombres y mujeres compartir lo mucho que Dios les ha bendecido cuando dieron de sus recursos para su reino, confiando en que su Padre celestial proveería para todas sus necesidades.

Aunque quizá no fue siempre el mejor ejemplo de caridad cristiana, el poderoso empresario estadounidense John D. Rockefeller fue conocido por decir: "Nunca habría podido dar el diezmo del primer millón de dólares que gané si no hubiera diezmado mi primer salario, que fue un dólar y medio por semana".[37] Este rico caballero no comenzó desde arriba, sino desde abajo. Primero obedeció en las pequeñas cosas antes de que Dios le llevara a un nivel más alto.

Las Escrituras nos aconsejan que no menospreciemos el día de los "*modestos comienzos*" (Zacarías 4:10, NTV), aquellas áreas aparentemente insignificantes de la vida que no aportan mucho en sí mismas. Dios usará los humildes comienzos para probarnos y disciplinarnos para la futura grandeza. ¿Cuántos individuos exitosos comenzaron barriendo pisos en su empresa o trabajando como asistente de otra persona? Dios los destinó para mayores cosas, pero el camino hasta la cima comenzó con "*modestos comienzos*".

Ser un modelo a imitar de generosidad

Lo mismo ocurrirá con usted. Ha sido destinado para cosas grandes, pero esas cosas grandes puede que estén disfrazadas de modestos comienzos. Si es usted fiel, ascenderá, y las personas a su alrededor serán testigos de la fidelidad de Dios hacia usted.

Si es usted fiel, ascenderá, y las personas a su alrededor serán testigos de la fidelidad de Dios hacia usted.

¿Le gustaría servir como un modelo a imitar para otros, que ven los resultados de su manera de dar al reino de Dios? ¿Le gustaría ser un catalizador para que otras personas dieran de su pobreza y carencia, todo porque dicha persona vio la forma tan fiel en que usted aplicó los principios de Dios, poniendo su reino por delante de sus propias necesidades?

Lo único que necesita es decidir comenzar donde se encuentra hoy. Estoy convencido de que si da de su necesidad, Dios convertirá su carencia en una cosecha abundante para que pueda convertirse en una bendición para otros. Su dar se convertirá en un ciclo de prosperidad para que cada vez que dé como para el Señor, reciba una *"medida buena, apretada, remecida y rebosando"* (Lucas 6:38).

Algunos dicen que nunca se debería dar con el motivo de conseguir algo a cambio. Sin embargo, cuando se trata de dar a Dios, no estoy en absoluto de acuerdo. Si Dios ha prometido *"reprender al devorador"* (Malaquías 3:11) cuando usted es fiel con sus diezmos y ofrendas, y si Él ha prometido que cuando usted dé en su reino Él le devolverá de tal forma que no tenga manera de abarcar las bendiciones, entonces tiene usted que prestar atención a esas promesas.

Dios nunca le deberá nada a ningún ser humano; nunca lo ha hecho y nunca lo hará. Cuando usted da en fe, creyendo en sus promesas y manteniendo sus ojos enfocados en Cristo como su gran galardón (véase Génesis 15:1), al igual que Abraham, Dios también le proveerá fielmente. A su alrededor, verá que su osada fe en Dios ha marcado la diferencia. Su vida se convertirá en un testimonio de la justicia y fidelidad de Dios hacia la creación que Él tanto ama. Y eso será una vida bien vivida.

Conclusión:

¡Su esperanza y destino son ahora!

Vivimos en tiempos emocionantes. Como cristianos, incluso con las incertidumbres que se arremolinan en torno a nosotros, no caminamos como quienes no tienen esperanza. Cristo mismo ha prometido que en ninguna circunstancia nos dejará o desamparará. Por tanto, no debemos temer (véase Hebreos 13:5–6). De hecho, podemos declarar confiadamente que *"somos más que vencedores por medio de aquel que nos amó"* (Romanos 8:37).

Esta es la Palabra de Dios, ¡y no debemos tomarla a la ligera! Nuestro Señor y Salvador, Jesucristo, ganó la victoria sobre nuestro adversario el diablo. Ahora, estamos sentados con Él en los lugares celestiales de victoria y abundancia. No queda nada por hacer. Cuando Jesús estaba colgado en la cruz por nuestra salvación y liberación, declaró: *"Consumado es"* (Juan 19:30). De igual forma que Abraham fue bendecido por Dios, quien estableció un pacto con él y su descendencia para siempre, tenemos acceso a las mismas bendiciones de abundancia y victoria.

Ponernos de acuerdo

En su fe, su familia y sus finanzas, está de pie sobre el fundamento firme de la obra consumada de Cristo. En estas tres áreas, nadie debería estar más seguro del éxito y de la victoria que el pueblo de Dios. Nuestro enemigo sabe que estas son las tres principales áreas de nuestra vida en las que surgen conflictos y desafíos. El objetivo de Satanás es convencernos de que no tenemos la victoria, de que las cosas no están bien y de que la catástrofe y el fracaso están a punto de suceder. No nos deberían sorprender esos ataques porque estamos lidiando con el maestro del engaño y el padre de mentiras (véase Juan 8:44).

Pero también debemos saber cómo destruir con éxito esos ataques y recordar que el éxito viene mediante el poder del acuerdo. Mi sencilla pregunta es la siguiente: ¿Con quién se va a poner usted de acuerdo? ¿Qué informe va a creer? Durante mucho tiempo el pueblo de Dios ha creído las mentiras del diablo: que su fe no es lo suficientemente fuerte, que sus familias han llegado demasiado lejos y que su atadura económica está tan arraigada que es imposible que se produzca la victoria. ¿Es eso realmente lo que dice la Palabra de Dios? ¿Son sus problemas y sus necesidades más poderosos que la sangre de Jesús? ¿Son sus problemas el señor de su vida, o deben doblar sus rodillas ante el nombre que es sobre todo nombre?

Tiene usted el poder y la autoridad, como hijo de Dios, de ponerse de acuerdo con todo lo que Él dice de usted en su Palabra.

Creo que usted ya conoce las respuestas a esas preguntas. La sangre y el nombre del Señor Jesucristo son las fuerzas más poderosas sobre la tierra, ¡más poderosas en su vida que cualquier obstáculo que haya delante de usted! Tiene usted el poder y la autoridad, como hijo de Dios, de ponerse de acuerdo con todo lo que Él dice de usted en su Palabra. Puede hacer las siguientes declaraciones bíblicas sobre su fe, su familia y sus finanzas:

- "Todo lo puedo en Cristo que me fortalece para el éxito y la victoria" (véase Filipenses 4:13).
- "Pongo todo lo que hago en manos del Señor con la confianza de que Él dará el éxito a todos mis planes" (véase Proverbios 16:3, NTV).

- "Dios me ha bendecido con toda bendición espiritual en los lugares celestiales en Cristo, mi Salvador y Señor" (véase Efesios 1:3).
- "Como soy nacido de Dios mediante Jesucristo, soy vencedor mediante la fe" (véase 1 Juan 5:5).

Estas son tan solo unas cuantas declaraciones de las Escrituras que le ayudarán a vivir en victoria y autoridad. Le animo a profundizar en la Palabra todos los días para encontrar esos tesoros ocultos de verdades de Dios que le permitirán caminar en libertad y descubrir el destino para el que Dios le ha creado.

Atar y desatar

En Mateo 18, Jesús nos dio un claro retrato de la autoridad que tenemos en Él, una autoridad que se extiende por toda la tierra y resuena en los pasillos del cielo:

> *De cierto os digo que todo lo que atéis en la tierra, será atado en el cielo; y todo lo que desatéis en la tierra, será desatado en el cielo.* (Mateo 18:18)

Como hijo de Dios, tiene usted la autoridad de Cristo en esta tierra. Las palabras que Él declara, usted también las puede declarar. El poder del reino celestial es suyo. Sin embargo, lo que usted haga con ese poder y autoridad depende totalmente de usted. En su fe, en su familia y en sus finanzas, tiene la autoridad tanto de atar como de desatar.

¿Cómo quiere usar esta autoridad? La Biblia dice que la muerte y la vida están en poder de su lengua (véase Proverbios 18:21). De forma simple, su vida reflejará lo que usted haya sido condicionado a declarar día tras día. Declarar vida significa declarar la verdad de Dios. Declarar muerte significa declarar, o ponerse de acuerdo, con las mentiras del diablo.

¿Qué ocurriría si se decidiera a declarar siempre la verdad de Dios sobre su fe, su familia y sus finanzas? El enemigo estaría atado,

Dios tiene un plan perfecto para cada miembro de su familia, y sus palabras de afirmación, sus oraciones de fe y sus declaraciones de la voluntad de Dios en sus vidas tienen mucha influencia.

y la voluntad de Dios se desataría, en cada situación en la que usted tenga influencia. Donde antes había temor, habría valentía. Donde antes había duda, habría una increíble seguridad de que lo que Dios ha prometido, lo cumplirá.

Como hijo de Dios, tiene usted la autoridad de desatar a los miembros de su familia para que puedan experimentar el plan de Dios. Igualmente, tiene la autoridad de atar a cada miembro de su familia a la perfecta voluntad de Dios para su vida. Dios tiene un plan perfecto para cada miembro de su familia, y sus palabras de afirmación, sus oraciones de fe y sus declaraciones de la voluntad de Dios en sus vidas tienen mucha influencia.

De igual forma, tiene usted el poder tanto para atar como para desatar las bendiciones financieras de Dios sobre su vida y las vidas de otros. Jesús dijo que con la misma medida que usted da, se le volverá a medir (véase Lucas 6:38). Igualmente, el apóstol Pablo aconsejó: *"El que siembra escasamente, también segará escasamente; y el que siembra generosamente, generosamente también segará"* (2 Corintios 9:6).

Sus palabras no son lo único que puede atar y desatar; sus acciones también pueden hacerlo. Así como la duda y el temor, demostrados mediante sus palabras, actitudes y acciones, pueden retener las bendiciones de Dios, poner su fe en acción producirá una cosecha de las bendiciones más abundantes de Dios.

Cuando dos o tres se ponen de acuerdo

En Mateo 18:19 Jesús ratificó el poder que tenemos cuando nos ponemos de acuerdo en oración:

Otra vez os digo, que si dos de vosotros se pusieren de acuerdo en la tierra acerca de cualquiera cosa que pidieren, les será hecho por mi Padre que está en los cielos.

Le animo a encontrar a una o dos personas de confianza que se pongan de acuerdo con usted en oración para las peticiones que tiene. Haga un pacto con ellos de orar y creer, estando firmes en la Palabra de Dios hasta que lleguen las respuestas. Si necesita aumentar su fe, pídalo, y Dios se lo dará. Si necesita sanidad en su familia, póngase de acuerdo con sus compañeros de oración, y sucederá. Si necesita liberación o un milagro en sus finanzas, pónganse de acuerdo en oración, porque Él ha prometido abrir una ventana de abundancia sobre su vida hasta el grado de no tener espacio para recibirla.

Usted y yo somos mayoría ante Dios. Por tanto, no hay mejor momento que ahora para ponernos de acuerdo. Me gustaría concluir este libro con una sencilla oración de acuerdo para que en los siguientes meses y años, Dios haga grandes cosas en su caminar en fe, en su familia y en sus finanzas. Pongámonos de acuerdo en oración:

> Padre del cielo, has prometido bendecir a quienes te aman dándoles los deseos de su corazón. Hoy, me pongo de acuerdo con mis queridos amigos para que aumentes su fe de manera poderosa, ungiéndoles para creer en grandes cosas en sus esferas únicas de influencia.
>
> Declaro salud, sanidad y plenitud sobre cada relación familiar, y te pido que tú arregles cada rotura y conflicto que exista, llevando "*la unidad del Espíritu en el vínculo de la paz*" (Efesios 4:3) a cada rincón de las vidas de sus familias.
>
> Finalmente, Padre, oro para que les concedas tus abundantes bendiciones sobre sus finanzas y te pido que le des un aumento en maneras creativas e inusuales. Abre oportunidades, dales mucho favor con aquellos que les pueden dar aumentos, y derrama una bendición en sus vidas que sea más que suficiente para aquellos a quienes les ha llamado a

ayudar y apoyar. Que los días y años futuros sean tiempos de fruto abundante mientras ellos buscan hacer tu voluntad.

Gracias, Padre, por la mayor bendición de todas, la salvación que viene mediante tu único Hijo, Jesucristo, en cuyo nombre oramos. Amén.

Notas

1. www.creditcards.com/credit-card-news/credit-card-industry-facts-personal-debt-statistics-1276.php.
2. www.bankruptcyaction.com/USbankstats.htm.
3. www.dailyfinance.com/2011/02/24/florida-leads-nation-in-foreclosure-rate/.
4. www.nationalhomeless.org/factsheets/How_Many.html.
5. www.smartmarriages.com/cohabit.html.
6. www.nytimes.com/2000/02/15/health/study-finds-families-bypassing-marriage.html?src=pm.
7. www.barna.org/barna-update/article/15-familykids/42.
8. www.whitehouse.gov/the_press_office/Joint-Press-Availability-With-President-Obama-And-President-Gul-Of-Turkey.
9. www.sojo.net/index.cfm?NewsID=5454&action=news.display_article&mode=C.
10. http://millercenter.org/president/speeches/detail/3446.
11. Arthur T. Pierson, *George Müller of Bristol and His Witness to a Prayer-Hearing God* (Charleston, SC: Nabu Press, 2011), 367.
12. www.ccc.org/WeBelieve/prayerofrepentance.html.
13. www.americananglican.org/general-convention-day-1-report-from-the-aac/.
14. Ibid.
15. George Barna, *The Second Coming of the Church* (Nashville: Word Publishing, 1998), 7–8.

16. Ibid., 6.
17. Ibid.
18. www.christianpost.com/news/38539.
19. www.barna.org/faith-spirituality/504.
20. www.barna.org/faith-spirituality/506.
21. http://pewforum.org/Age/Religion-Among-the-Millennials.aspx#attendance.
22. Andreas J. Köstenberger, *God, Marriage, and Family* (Wheaton, IL: Crossway Books, 2004), 25–26.
23. www.barna.org/family-kids-articles/42.
24. Ibid.
25. www.soundvision.com/Info/teens/stat.asp.
26. http://faithandfamily.com/radio/program/a-nation-in-peril/.
27. www.cdc.gov/mmwr/preview/mmwrhtml/mm5635a2.htm.
28. www.horicon.k12.wi.us/cms_files/resources/CASA%20Parent%20Study%20Hands%20On-Hands%20Off%20Parents.pdf.
29. Nick Stinnett y John DeFrain, *Secrets of Strong Families* (Boston: Little, Brown and Company, 1986), 56.
30. www.barna.org/barna-update/article/15-familykids/106.
31. Ibid.
32. Ibid.
33. De un poema escrito en 1922 por Rhea F. Miller, con música añadida de George Beverly Shea.
34. www.cbsnews.com/8301-503544_162-20019931-503544.html.
35. www.cbo.gov/doc.cfm?index=12039.
36. C. S. Lewis, *Mere Christianity* (San Francisco: HarperSanFrancisco, 2001), 86.
37. W. A. Criswell, *Criswell's Guidebook for Pastors* (Nashville: B&H Books, 2000), 154.

Acerca del autor

Henry Fernandez, orador inspiracional, autor y empresario, es conocido por su enseñanza práctica y dinámica de la Biblia. Con un mensaje profético que va más allá de cualquier barrera denominacional, cultural y económica, Fernandez es el pastor principal del ministerio The Faith Center Ministries, una apasionante congregación multirracial de más de ocho mil personas en Fort Lauderdale, Florida. También se le puede ver semanalmente en Word Network y Trinity Broadcasting Network.

Como visionario que cree que es la voluntad de Dios que todos prosperen y tengan buena salud, Fernandez está comprometido a ayudar educar a personas en cuanto a lo que dice la Palabra de Dios acerca de vivir y caminar en victoria. Ese compromiso en parte lo ha demostrado mediante su patrocinio de la Universidad de Fort Lauderdale, un instituto cristiano totalmente acreditado y no denominacional aprobado por la Comisión para la Educación Independiente. La universidad, que se estableció para avanzar la educación cristiana y promover liderazgo en lugares tanto seculares como cristianos, ofrece programas a nivel de colegiatura, licenciatura, maestría y doctorado.

La esposa de Fernandez, Carol, trabaja como copastora en The Faith Center Ministries y a menudo ministra junto a él en conferencias, así como en su iglesia local. Son padres de dos hijos, Seion-Zane y Elijah-Zane.